P9-AFY-677

COLECCIÓN FAMILIA

Adolescentes seguros
Apúntate un 10
Baby shower
Buenos modales para niños
Cómo ayudar a los hijos de padres divorciados
Cómo desarrollar creatividad en niños
Cómo desarrollar la inteligencia
Cómo entender a su angelito
Cómo fomentar la lectura
Cómo hablar de autoestima
Cómo hablar de cosas importantes
Cómo hablar de sexo a los niños
Cómo hablar de temas delicados
Cómo hablar para que su pareja...
Consejos obligados para padres
De padres a hijos
Formar hijos exitosos
Hacer la tarea
La más tierna espera
Mi más grande amor
Muchachos aplicados
Nombres exóticos para bebé
Nombres perfectos para bebé
Padres de tiempo completo
Quiero una mascota
Segundo bebé, el
Tae kwon do para niños
Te amaré por siempre
Todo sobre los adolescentes
Un regalo de amor
Vivir con adolescentes

Colección Ejecutiva
Colección Superación Personal
Colección New Age
Colección Salud y Belleza
Colección Familia
Colección Literatura Infantil y Juvenil
Colección Juegos y Acertijos
Colección Manualidades
Colección Cultural
Colección Espiritual
Colección Humorismo
Colección Aura
Colección Cocina
Colección Compendios de bolsillo
Colección Tecniciencia
Colección con los pelos de punta
Colección VISUAL
Colección Arkano
Colección Extassy
Novedades de último momento

Michael H. Popkin,
Bettie B. Youngs, Jane M. Healy

Cómo lograr que sus hijos triunfen en la escuela

SELECTOR
actualidad editorial

SELECTOR
actualidad editorial

Doctor Erazo 120   Tels.   588 72 72
Colonia Doctores   Fax: 761 57 16
México 06720, D. F.

CÓMO LOGRAR QUE SUS HIJOS TRIUNFEN EN LA ESCUELA
Título en inglés: *Helping Your Child Succeed in School*

Traducción: María de la Luz Broissin
Diseño de portada: María Eugenia Martínez

Published by agreement with Active Parenting Publishers, Atlanta, GA.
Copyright © 1995 by Active Parenting Publishers, Inc.
          All Rights Reserved.

D. R. © 1998, Selector S.A. de C.V.
Derechos de edición en español reservados para el mundo

ISBN (inglés): 1-880283-15-8
ISBN (español): 970-643-116-0

Sexta reimpresión. Mayo del 2000

Agradecimientos

Tuvimos la oportunidad de trabajar en cientos de distritos escolares en todo el país durante varios años. Al compartir nuestro trabajo con muchos maestros y padres, fuimos retroalimentados por ellos respecto a lo que da resultado y lo que no funciona, lo que es una prioridad y lo que no lo es y por qué. Por lo tanto, ofrecemos nuestro más sentido agradecimiento a los miles de educadores que llevan a cabo su trabajo en silencio y asiduamente, esforzándose por lograr una contribución en beneficio de los jóvenes.

Contenido

Prólogo 9

Sesión 1: Cómo preparar a su hijo para que triunfe

Capítulo 1: Saber aprender 13
    Estilos de aprendizaje
    Hábitos de aprendizaje
    Habilidades sociales

Capítulo 2: El hogar que propicia triunfos
              escolares 37
    Cuerpos sanos/mentes sanas
    Cómo estructurar su hogar

Capítulo 3: Cómo trabajar junto con la escuela 61
    Cómo comprender la información de la escuela
    Si sospecha que existe una diferencia en el
    aprendizaje
    Hojas de actividades de la Sesión 1

Sesión 2: Cómo estimular un comportamiento positivo

Capítulo 4: Disciplina efectiva y estímulo 85
    Estímulo
    Disciplina

Capítulo 5: Actitudes que producen el éxito 103
    Hoja de actividades de la Sesión 2

Sesión 3: Cómo reforzar las habilidades académicas de su hijo

Capítulo 6: El padre como profesor 123
    El trayecto del aprendizaje: Cómo asesorar desde el
    jardín de niños hasta la escuela secundaria

Capítulo 7: Cómo entrenar a su hijo en la
                lectura 131
    ¿Qué es la buena lectura?
    Cómo desarrollar una buena base para la lectura
    Habilidades fundamentales del lenguaje
    Una ayuda diferente según la edad
    Cómo resolver los problemas

Capítulo 8: Cómo entrenar a su hijo en la
                escritura, la ortografía, las
                matemáticas y las ciencias 155
    Cómo ayudarlo con la escritura y la ortografía
    Cómo ayudarlo con las matemáticas y las ciencias
    Hoja de actividades de la Sesión 3

Apéndice 1..173

Apéndice 2..175

Prólogo

Los resultados de la investigación son contundentes. Su participación activa en la educación es el factor que más determina el éxito académico de sus hijos. Es más importante que quiénes sean sus maestros. Más importante que la calidad de los materiales y las instalaciones en la escuela de sus hijos. Es incluso más importante que su propio nivel educativo o económico.

Una impresionante investigación recopilada durante las últimas dos décadas muestra con claridad que los niños cuyos padres participan en su educación:

✤ Obtienen mejores calificaciones y resultados en los exámenes.
✤ Hacen más tarea.
✤ Son más asiduos.
✤ Tienen un porcentaje más alto de graduación.
✤ Es más probable que asistan a la universidad o que tengan otra educación después de la secundaria.
✤ Tienen una mayor participación en actividades fuera del plan de estudios.

✤ demuestran una actitud más positiva y un mejor comportamiento en todo.

A través de este texto aprenderá los métodos probados para ayudar a sus hijos a tener éxito en la escuela:

✤ a desarrollar un ambiente estructurado, pero no rígido, que promueva el aprendizaje;
✤ a tener expectativas grandes y realistas para el éxito de sus hijos;
✤ a estimular la curiosidad, la solución de problemas y el pensamiento independiente en sus hijos;
✤ a fomentar un comportamiento positivo en sus hijos.
✤ a modelar un aprendizaje para toda la vida y el valor de la educación;
✤ a desarrollar relaciones positivas entre padres y maestros;
✤ a apoyar la política de disciplina de la escuela de sus hijos;
✤ a comprender los estilos de aprendizaje de sus hijos, a desarrollarlos y fortalecerlos;
✤ a convertirse en un entrenador calificado al ayudar a sus hijos con las tareas;
✤ a estimular el desarrollo del lenguaje a través de la lectura y la comunicación;
✤ a lograr que el aprendizaje forme parte de la vida cotidiana.

Sesión 1

Cómo preparar a su hijo para que triunfe

CAPÍTULO 1

Saber aprender

Las familias que logran mantener una buena relación con la escuela, lo consiguen porque los padres saben cómo apoyar a sus hijos de manera efectiva en sus tareas académicas. Establecen bases firmes y realistas, así como un ambiente en el hogar que contribuye a un logro positivo. Utilizan estrategias de cooperación con los maestros para ayudar a sus hijos. Estas familias comprenden que hay diferentes clases de inteligencia y de estilos de aprendizaje y que los niños con muchas habilidades distintas pueden llegar a ser adultos triunfadores y seguros. En realidad, en la actualidad sabemos que las actitudes y la motivación a menudo son mucho más importantes a la larga que la "inteligencia".

Una investigación muy amplia demuestra claramente que:

☛ Los niños cuyos padres valoran el éxito académico tienen mejores resultados en la escuela y en la vida.

☛ Los niños cuyos padres dedican tiempo y energía a apoyar su aprendizaje tienden a tener niveles más altos de motivación y menos problemas académicos, de comportamiento o emocionales.

Al interesarse por este libro, ha demostrado lo importante que es para usted el éxito de su hijo en la escuela. Quizá esté ansioso por empezar de inmediato con lo académico, con lo que considera la base del éxito en la escuela. Sin embargo, aprender es algo más que la lectura, la escritura y la aritmética. Antes de establecer disciplinas académicas específicas, debe saber algo sobre los estilos individuales de aprendizaje de su hijo, así como sus hábitos, y ser capaz de valorar su disposición básica de aprendizaje.

Los educadores y los psicólogos están dando actualmente mucho menos énfasis a la "inteligencia" (IQ), que hace cinco años. En realidad, conocer la "inteligencia" heredada de su hijo es menos importante, para comprender o predecir el logro académico, que otros factores:

☛ el "estilo de aprendizaje" particular de su hijo;

☛ los "hábitos de aprendizaje" de su hijo.

ESTILOS DE APRENDIZAJE

No todos los niños aprenden de la misma manera. Si tiene más de un hijo, ya habrá notado diferencias en sus estilos de aprendizaje. Quizá, su hijo aprende de inmediato cualquier cosa expresada a través de la música, mientras que su hija recuerda mejor las cosas que ve, que las que escucha. Los aspectos del "estilo del aprendizaje" de un niño pueden mostrarse en formas sutiles. Algunas personas:

✦ Prefieren estudiar por la mañana y otras por la noche.

✦ Disfrutan leer mientras se encuentran sentadas ante un escritorio, y otras optan por leer sentadas sobre el piso o recostadas en la cama.

✦ Eligen las habitaciones muy iluminadas, mientras que otras prefieren las luces tenues.

✦ Toleran el ruido de fondo, mientras que otras no.

✦ Aprenden escuchando, algunas mirando, otras escribiendo y algunas más utilizando una combinación. Las preferencias pueden variar también de acuerdo con el tipo de material por aprender.

Siete tipos de inteligencia

De acuerdo con el psicólogo Howard Gardner, hay al menos siete tipos de inteligencia, que están combinados en diferentes grados en todos nosotros. Éstos son:

1. Lingüística
2. Lógica o matemática
3. Musical
4. Espacial o visual
5. Cinética
6. Interpersonal
7. Intrapersonal

Vamos a estudiarlas con más detenimiento.

1. Inteligencia lingüística. Es nuestra habilidad para leer y escribir, para utilizar bien las palabras. Los escritores, los oradores y los políticos tienen una buena inteligencia lingüística. Los niños que son lingüísticamente inteligentes pueden también ser sistemáticos, disfrutar los patrones de secuencias y de orden. Tienen buena memoria para lo que leen y escuchan y disfrutan los juegos de palabras. La inteligencia lingüística es muy apreciada en nuestro sistema escolar. Los maestros utilizan a menudo historias, juegos de vocabulario y discusiones, para enseñar el material. Los estudiantes que no han desarrollado su inteligencia lingüística pueden tener dificultad para aprender a usar estas técnicas. Pueden sentirse confundidos e incapaces.

2. Inteligencia lógica o matemática. Esta habilidad, frecuentemente desarrollada en los científicos, los matemáticos y los abogados, es la capacidad para razonar o calcular. A los niños que han desarrollado bien su inteligencia lógica les gusta analizar y comprender lo que hace que sucedan las cosas. A menudo son buenos utilizando las computadoras y comprendiendo la naturaleza ordenada de la programación y la aplicación. Disfrutan resolver problemas. Las escuelas recompensan también a los estudiantes con inteligencia lógica o matemática. En el salón de clases se da énfasis al pensamiento deductivo. Los estudiantes que no tienen este tipo de inteligencia lógica pronto sienten que los dejan afuera.

3. Inteligencia musical. Las personas con inteligencia musical son muy sensibles ante el poder emotivo de la música y están conscientes de su organización compleja. Las culturas que no tienen lenguajes escritos y que utilizan la música para comunicarse, dan un gran valor a la inteligencia musical. Sin embargo, en nuestra sociedad, con frecuencia no clasificamos la habilidad musical como inteligencia, sino que la consideramos ligeramente como una "destreza" o un "don". Los niños que tienen inteligencia musical pueden reducir el estrés del aprendizaje integrando la música con otras áreas importantes. Pueden aprender fechas y otro material que "se debe memorizar" a través del rap o de otros ritmos. Quizá más importante aún, los niños con inteligencia musical puede usar la música para ayudarse a relajarse y a cambiar su estado de ánimo.

4. Inteligencia espacial o visual. Los arquitectos, los escultores y los pilotos alcanzan una puntuación alta en esta área. Un estratega en el campo de batalla necesita tener una gran inteligencia espacial. Los niños con esta inteligencia pueden recordar bien las cosas, cuando son puestas en forma de imágenes. Utilizan las imágenes mentales y las metáforas para aprender. Pueden ser buenos para memorizar mapas y gráficas. Por desgracia, nuestras escuelas presentan frecuentemente el material en secuencias y sólo se sacan conclusiones gradualmente. Esta práctica puede frustrar a un niño dotado con inteligencia espacial, que desea ver el todo primero y después regresar para captar los detalles.

5. Inteligencia cinética. Este tipo de inteligencia se llama también inteligencia física y la tienen muy desarrollada los atletas, los bailarines, los gimnastas y los cirujanos. Los niños cinéticamente inteligentes tienen buen control sobre sus cuerpos y les gusta practicar los deportes, la danza, cualquier cosa que requiera de coordinación y movimiento. Tienen un buen sentido del tiempo y son sumamente sensibles ante el medio ambiente físico. Estos niños aprenden mejor actuando, tocando, moviendo los objetos; disfrutan los modelos y las artes manuales. Estos niños se estresan cuando los obligan a permanecer quietos durante mucho tiempo, cuando deben escuchar, sin participar físicamente.

6. Inteligencia interpersonal. Las personas que se relacionan bien con los demás tienen una inteligencia interpersonal alta. Los vendedores, los negociantes, los oradores y los entrenadores tienen una inteligencia interpersonal alta. Los niños con este tipo de inteligencia son muy sociables. Tienden a formar parte de grupos, a comprender a otros niños, a comunicarse e incluso a manipular bastante bien a los demás. Disfrutan las actividades escolares que requieren compañeros o trabajo en equipo, mejor que las situaciones que les exigen actuar solos. Estos niños necesitan tomar descansos durante el trabajo, para socializar y mantenerse en contacto con otros estudiantes.

7. Inteligencia intrapersonal. A la inteligencia intrapersonal a menudo se le llama intuición y es la habilidad para hacer uso de la información almacenada en la mente subconsciente. Los filósofos y los asesores muestran este tipo de inteligencia. Los niños que tienen inteligencia intrapersonal son muy sensibles. Se comprenden a sí mismos bien y se automotivan. No logran un buen resultado cuando los maestros indican cada detalle de un proyecto o insisten en que algo se haga según las reglas. Las personas intrapersonales desean ser diferentes; desean utilizar su autoconocimiento y desarrollar sus propios sentimientos. Les gusta tener un propósito en la vida y están conscientes de sus propias fortalezas y de sus debilidades. En el salón de clases, estos estudiantes a menudo se molestan cuando se espera que se conformen. Por lo general, aprenden más rápidamente cuando se les permite llevar a cabo actividades de estudio independientes y tomar el control de su propio aprendizaje.

Diferentes niños/ diferentes estilos

Todos los niños tienen más de un tipo de inteligencia; en realidad, la mayoría de ellos son buenos en dos o tres áreas. Observe a cada uno de sus hijos. Aunque creemos que el estilo de aprendizaje se hereda, al menos parcialmente, es muy probable que los "dones" o las fortalezas" (esa área o esas dos áreas que el niño puede dominar con relativa facilidad) sean muy diferentes en cada niño. Si los talentos de su hijo son diferentes de los suyos (como un mecánico dotado, en una familia de abogados) es tonto tratar de forzar elecciones, en contra de las inclinaciones naturales. Lo último que desea un padre es someter a su hijo a estudios convencionales en sacrificio de sus habilidades naturales. Éste es uno de los buenos motivos para exponer a nuestros hijos a una variedad de actividades y para celebrar sus triunfos y habilidades en cada campo de aprendizaje y de la vida.

Hábitos de aprendizaje

Las características del cerebro de su hijo están determinadas parcialmente por los genes que su hijo "obtuvo" (heredó) de usted. Sin embargo, la mayor parte del desarrollo cerebral de su hijo es un resultado de la forma en que él ha utilizado su cerebro después del nacimiento. La manera como juega, se pregunta, experimenta, aprende y acepta los nuevos desafíos mentales, todo esto forma "hábitos mentales", como la memoria y la motivación, que sirven de base para todas sus experiencias de aprendizaje. Por lo tanto, el medio ambiente en el hogar que usted proporcione tiene mucho que ver con lo bien que sus hijos desarrollen su potencial natural. En la página siguiente encontrará una breve descripción de estos hábitos básicos y algunas guías para valorarlos en sus hijos. El resto del libro lo ayudará a desarrollar los hábitos de aprendizaje en sus hijos y a fortalecer así su habilidad para aprender.

Los estudiantes exitosos:

✤ Están motivados para aprender.
✤ Son capaces de enfocar y prestar atención.
✤ Utilizan el lenguaje para comprender y comunicar ideas.
✤ Emplean la memoria para ayudarse en el aprendizaje.
✤ Resuelven problemas.

✤ Analizan y ajustan su propio pensamiento.

Examinemos con mayor detenimiento cada una de estas habilidades:

Motivación

Esta "base" real del éxito surge de una multitud de experiencias durante la vida, que hacen que un niño se sienta poderoso como estudiante. ¿Su hijo cree lo siguiente?

✤ Mis esfuerzos logran resultados y puedo tener éxito, si lo intento lo suficiente.
✤ Vale la pena intentarlo, incluso si es difícil, porque esto me hace sentir poderoso como estudiante, aun si no tengo éxito en cada intento.
✤ Ser inteligente no es sólo algo con lo que se nace. Depende del esfuerzo que se dedique.

Atención

Si un niño sabe cómo utilizar en forma efectiva los mecanismos de atención de su cerebro, todas las formas de aprendizaje resultan mucho más fáciles. La facultad para mantener la atención varía de acuerdo con la edad, por lo que debe esperar que se incremente a medida que su hijo crece. Éstas son algunas preguntas que debe considerar sobre la atención que presta su hijo:

✦ **¿Puede su hijo dedicarse a un proyecto o tarea durante un tiempo razonable?** Ayude a su hijo a ampliar su atención limitando las actividades o el ruido que distraen y sentándose a su lado para animarlo a que termine la tarea. Algunos niños necesitan ayuda para planear los pasos de una actividad, antes de empezar. Enséñeles a terminar una tarea, siguiendo pasos pequeños.

Ejemplo:

"¿Qué necesitamos hacer antes de jugar ese juego? ¿Necesitamos reunir el equipo? ¿Qué cosa debemos hacer después? ¿Conocemos las instrucciones adecuadas? ¿Estamos listos para empezar el juego? ¿Cómo sabremos cuando ya hayamos terminado?"

A los niños que se les permite dedicar un tiempo tranquilo para el juego independiente aprenden a manejar mejor sus propios cerebros, que aquéllos a los que bombardeamos constantemente confundiéndolos y apresurándolos de una actividad a otra.

✦ **¿Su hijo puede persistir, si no logra desempeñar una tarea fácilmente?** Los niños de la generación de la televisión parecen tener una paciencia limitada y una "mente de dos minutos" no ayuda a un niño a ser un buen lector o un buen estudiante de matemáticas. Asegúrese de limitar el uso de la televisión y de los juegos de video. Espere que su hijo haga tareas en el hogar.

✦ **¿Puede su hijo desplazar la atención en forma apropiada?** Algunos niños están tan ensimismados en las actividades, que no pueden apartarse de éstas, incluso cuando necesitan hacerlo. (¡Todos ellos parecen tener dificultad en abandonar el juego para poner la mesa!) Enseñe a su niño a emplear la atención con flexibilidad, haciéndole una advertencia antes de pedirle que haga algo nuevo.

Ejemplo:
"*En cinco minutos, te pediré que dejes la pelota y me ayudes a poner la mesa*".

Una terquedad fuera de lo normal, incluyendo los berrinches cuando se introducen nuevas ideas o actividades, indica un problema potencial de aprendizaje; mencione este comportamiento a su pediatra.

✦ **¿Ayuda a su hijo proporcionándole un ambiente organizado?** Una casa razonablemente bien estructurada, con reglas y expectativas apropiadas, ayuda a la mayoría de los niños a desarrollar buenos hábitos de atención.

Algunos niños tienen problemas orgánicos, por ejemplo la hiperactividad, que hacen que se les dificulte mucho concentrarse adecuadamente, por más que se esfuercen los padres. Un niño como éste debe ser tratado por un médico o un pediatra neurólogo, para determinar el tratamiento. Si sospecha que su hijo puede tener este problema, platique con su asesor escolar o con su maestro. Si es necesario, pida un diagnóstico médico.

Cómo utilizar el lenguaje en forma efectiva

Casi todos los niños saben hablar, pero los buenos estudiantes saben también cómo emplear el lenguaje de manera efectiva, para comprender y comunicar ideas. ¿Cómo puede saber si su hijo necesita ayuda con el lenguaje? ¿Su hijo puede:

✳ escuchar y recordar lo que oye?
✳ expresar una idea con facilidad razonable?
✳ formular preguntas para obtener información?
✳ respetar los turnos de la conversación?

Evidentemente, la habilidad de su hijo variará con la edad. No obstante, si su capacidad en las áreas arriba mencionadas es bastante diferente de la de los otros niños de la misma edad o si el maestro sugiere que pudiera haber un problema, considere una evaluación profesional con el terapeuta del habla/lenguaje de la escuela o en una clínica.

Memoria

La memoria es algo peculiar. ¡La calidad de nuestra memoria depende generalmente de lo que tratamos de recordar! Algunas personas son buenas reteniendo las cosas que oyen, mientras que otras se enfocan más en lo que ven. Algunas personas recuerdan con facilidad cómo llegar a algún sitio, pero olvidan la ortografía de ciertas palabras.

✳ ¿Está consciente su hijo de que es importante recordar las cosas?

✳ ¿Sabe su hijo que puede desarrollar "trucos" para recordar ciertas cosas, por ejemplo: dejar su lonchera sobre su tarea la noche anterior, para recordar llevar ambas a la escuela?

✳ ¿Está enterado de que para recordar se requiere de esfuerzo mental y que no es algo que suceda automáticamente?

✳ ¿Ha practicado con su hijo cómo memorizar las cosas, por ejemplo: los poemas, las canciones, las listas de compras?

Puede ayudar a su hijo a recordar hablando sobre cómo recuerda usted ciertas cosas. ¿Utiliza listas? ¿O trucos? Muchos de nosotros recordamos los nombres de los Grandes Lagos, por ejemplo, con las siglas "HOMES" (Hurón, Ontario, Michigan, Erie, Superior). Al hacer que su hijo preste atención a tales estrategias para recordar, ayudará a que desarrolle la memoria. No presione a los niños para que memoricen; sin embargo, estimule esta habilidad haciéndola manejable y divertida. Empiece con algo pequeño y desarróllelo en el camino.

Habilidad para resolver problemas

✦ **Si su hijo tiene dificultad para solucionar un problema en el primer intento, ¿puede cambiar e intentarlo de otra manera?** Por ejemplo, si se le dificulta armar un rompecabezas empezando con las piezas del centro, ¿puede cambiar la estrategia y empezar con las piezas de las orillas?
Los padres que ayudan sugieren a menudo diferentes estrategias ("¿Y si empiezas en las esquinas?") para mostrar a los niños que pueden probar métodos alternativos para hacer que las cosas resulten.

✦ **¿Su hijo tiene seguridad de que es bueno para resolver problemas?** ¿Acepta usted los proyectos terminados (desde un pastel de lodo, hasta una ecuación de cálculo)? ¿Lo felicita por el esfuerzo que hizo para terminarlos?

✦ **¿Comprende su hijo que depende de él solucionar los problemas?** ¿O sabe que usted intervendrá y lo hará por él, si se da por vencido?

✦ **¿Conoce su hijo la sensación agradable de encontrar una solución, después de "equivocarse" varias veces?** Los padres necesitan comunicar que existen "buenos errores". Aprender es bueno y el equivocarnos nos enseña que la aptitud no llega automáticamente.

Metacognición

La nueva investigación enfatiza la importancia de pensar sobre nuestro propio pensamiento. La metacognición es la habilidad de comprender nuestros propios procesos de pensamiento y de darse cuenta de cómo nuestros esfuerzos están relacionados con los resultados. Los niños que son metacognoscitivos son capaces de aceptar una mayor responsabilidad por su propio aprendizaje. Evalúan los errores y la efectividad de sus estrategias de aprendizaje. Si tienen dificultad con un párrafo de la lectura, por ejemplo, pueden detenerse y leer nuevamente el pasaje, o cuestionarse para comprender mejor.

✦ **¿Su hijo tiene el tiempo y el espacio tranquilo para conocer su propia mente?** En ocasiones, el aburrimiento puede ser la ruta hacia nuevas vías de pensamiento y creatividad.

✦ **¿Su hijo lo escucha hablar sobre lo que piensa sobre ciertas cosas?** ("Me pregunto qué decisión debo tomar. Veamos, si hago x, podría resultar, pero si hago a, b también podría resultar. Necesito considerar las alternativas".)

✦**¿Es responsable su hijo de la calidad de su trabajo?**

Ejemplo:
　Niño:"Mamá, la maestra nos hizo hoy un examen realmente injusto."

Mamá:"Lamento que te sientas mal debido al examen. ¿Hay algo que podrías haber hecho para prepararte mejor?"

✦ **¿Sabe su hijo que debe entender las ideas que comunican los libros que lee, en lugar de sólo repetir las palabras sin meditarlas lo suficiente?**

Los hábitos de aprendizaje son las bases de una buena instrucción y surgen directamente de las diferentes experiencias y responsabilidades que los niños tienen en casa. Los padres (y los maestros) capacitados consideran estas habilidades mentales incluso más importantes que las habilidades académicas.

HABILIDADES SOCIALES

Las habilidades sociales son otro componente importante de la aptitud escolar, a cualquier edad. Los niños con buenas habilidades sociales pueden tratar
con mayor seguridad a sus maestros y compañeros.

✤ ¿Se lleva bien con los demás?

✤ ¿Comprende que otras personas pueden tener puntos de vista diferentes?

✤ ¿Acepta a otras personas que son diferentes, ya
sea en apariencia, habilidades o en cualquier otra
cosa?

✤ ¿Muestra cortesía y respeto hacia los adultos y
otros niños?

✤ ¿Sabe trabajar en grupo?

✤ ¿Disfruta jugar y socializar con otros niños?

✤ ¿Hace frente a los conflictos, como cuando lo
molestan?

✤ ¿Sabe cuándo buscar ayuda apropiada de un
adulto, cuando una situación queda fuera de control (como en una intimidación constante)?

✤ ¿Defiende sus ideas y sus convicciones, cuando lo
desafían?

✤ ¿Acepta que no siempre lo incluyan en un grupo?

✤ ¿Se siente bien al decir no, cuando no desea involu-
crarse?

Los niños que pueden manejar estas situaciones
adecuadamente tienen habilidades que les servirán

durante la vida. Los siguientes son algunos métodos para ayudar a sus hijos de cualquier edad a mejorar sus habilidades sociales:

✦ **Muestre habilidades sociales frente a sus hijos.** Preste atención a su propio comportamiento social. ¿Qué comunican sus acciones a su hijo? ¿Muestra respeto y cortesía hacia los demás, incluyendo a los niños? La manera como trata a las personas y las situaciones influye en el desarrollo de las habilidades sociales de su hijo. Comente a su hijo por qué actúa de esa manera. Por ejemplo, cuando un amigo está enfermo, permita que su hijo sepa que es una muestra de interés llamar para saber cómo se encuentra su amigo y para ofrecer ayuda. Permita que escuche cuando haga la llamada.

✦ **Estimule la interacción con los compañeros de juego y los grupos de amigos.** Los niños aprenden mucho sobre cómo llevarse bien con los demás, al interactuar con sus compañeros de juego y en grupos. Asegúrese de que su hijo tenga bastantes oportunidades para jugar con otros niños después de la escuela y durante los fines de semana. Los clubes y otras actividades después de la escuela proporcionan situaciones sociales ya establecidas. Si su hijo es tímido, ofrezca una elección entre varios grupos. No deje de estimularlo.

✦ **Enseñe a su hijo a solucionar conflictos de una manera no violenta.** Puede enseñar incluso a los niños más pequeños que: "no golpeamos en nuestra familia. Solucionamos los problemas". Esto significa encontrar métodos de disciplina que no sean las tundas. Cuando los niños golpean, apártelos de la situación por un tiempo.

Más importante aún es enseñar a su hijo mejores maneras para solucionar los conflictos. Mostrar a sus hijos cómo compartir y turnarse es un buen primer paso.

Ayude también a su hijo a comprender por qué se inician las riñas. Atraiga su atención hacia comportamientos tales como los insultos y los desafíos, que pueden provocar discusiones.

Enséñele al buscar alternativas que dejarán satisfechas a las dos partes involucradas.

Ejemplo:
"Me pregunto si podrías prestarle tu bicicleta un momento, sólo para que la pruebe. Después, él puede montar su propia bicicleta y tú la tuya".

★ **Hable con su hijo sobre la cooperación, la amistad y el llevarse bien.** Esté alerta ante las oportunidades para discutir cómo ser amigo y llevarse bien con los demás. Las historias que lee a su hijo o que escuchan juntos están llenas de situaciones en las que los personajes cooperan o se enfrentan. utilice estas historias como base para sus propias discusiones. Evite sermonear. Mantenga la discusión abierta, haga preguntas y comentarios breves.

Ejemplo:

"¿Qué cualidades tiene Dorothy, que hacen que sea una buena amiga del Espantapájaros, del Hombre de Hojalata y del León Cobarde? ¿Por qué la aprecian tanto?"

Las propias experiencias de su hijo ofrecen las mejores oportunidades para enseñar. Tenga cuidado de no dar órdenes al ayudarlo a encontrar soluciones a las situaciones, pues la necesidad natural de independencia puede dirigir a su hijo en la dirección contraria a la deseada. En cambio, ayúdelo a encontrar una estrategia que le acomode.

Ejemplo:

"No estoy seguro de lo que debes hacer, pero discutamos algunas opciones. ¿Cómo puedes ser un buen amigo y ayudar a Gina con su tarea, sin proporcionarle tus respuestas?"

Hable con su hijo sobre las diferencias que existen entre las personas. Ayúdelo a comprender que las personas de diferentes razas, religiones, nacionalidades, habilidades, edades y apariencias tienen algo especial que ofrecer.

Ejemplo:

"Me dio gusto ver que escuchaste la historia de la señora Cross, cuando era una niña pequeña en Inglaterra. Aprendí mucho sobre la Segunda Guerra Mundial al escucharla hablar sobre su infancia".

★ **Actúe en las situaciones difíciles.** Las situaciones sociales difíciles (como rechazar la invitación de un buen amigo, para hacer algo con otro amigo, por ejemplo) necesitan un comportamiento hábil. Hablar con su hijo sobre dichas situaciones es un buen comienzo. Además, puede actuar las circunstancias, haciendo usted el papel o papeles de los demás. Representen varias escenas, para permitirle a su hijo practicar las palabras correctas. Dicha práctica aumenta la seguridad de los niños en su habilidad para manejar las situaciones en forma efectiva.

★ **Ayude a su hijo a aprender a ser firme. Llevarse bien con los demás y resolver** problemas sin violencia no significa permitir que las otras personas se aprovechen de uno. Puede ayudar a sus hijos a aprender a ser firmes y a defender sus derechos y opiniones sin ser agresivos. Busque oportunidades para discutir con sus hijos la importancia de:

• defender sus propias ideas y creencias, sin desairar las de otra persona;

• pedir lo que se desea, sin ser un bravucón o un dictador;

- decir "no" cuando desea decir "no", en lugar de sólo dejarse llevar; decir "no" de una manera que conserve una relación, si desea mantenerla intacta;
- decir "sí" cuando desea decir "sí", en lugar de mostrarse demasiado tímido para aceptar una oferta razonable;
- no estar de acuerdo con el punto de vista de otra persona y hacerlo notar con tacto.
- saber cuándo y cómo buscar la ayuda de una persona adulta.

CAPÍTULO 2

El hogar que propicia triunfos escolares

Un hogar que apoya a los niños como estudiantes contribuye en forma significativa a su éxito en la escuela. Establecer las bases para este hogar incluye satisfacer las necesidades físicas de los niños y proporcionar el ambiente adecuado. En la actualidad, con los padres ocupados y los niños corriendo en todas direcciones, en ocasiones se descuidan estas "bases". Si es así, su hijo ya tiene bastantes puntos en su contra. Por ejemplo, los efectos del sueño o la nutrición inadecuados a veces se disfrazan como un problema de aprendizaje. Los hogares que carecen de estructura y de organización o de una exhortación positiva tienden a producir estudiantes desorganizados o sin motivación. Para satisfacer las necesidades de los niños se requiere de atención por parte de los padres ocupados, pero vale la pena el esfuerzo.

Cuerpos sanos/mentes sanas

Primero, lo primero:

▶ ¿Su hijo es sometido a exámenes físicos regulares, que incluyen la vacunación adecuada?

▶ ¿Le hacen a su hijo exámenes dentales regulares?

▶ ¿Ha llevado a su hijo para que le revisen la vista y el oído?

▶ Si su hijo tiene un problema médico, como diabetes o alergias, que requiera de medicamentos, ¿él y el maestro comprenden los procedimientos del tratamiento adecuado, necesario en la escuela?

Nutrición

El cerebro puede tener un peso correspondiente al dos por ciento del peso corporal; sin embargo, consume el 10 por ciento de la energía del cuerpo. La nutrición adecuada proporciona a su hijo el combustible para aumentar esa energía y para tener un buen desempeño físico y académico.

Muchos niños y personas adultas, que rutinariamente se alimentan con comida con un alto contenido de grasa y azúcar, se preguntan por qué se les dificulta concentrarse o permanecer alertas. Una vez que cambian a una dieta saludable y llevan a cabo un programa de ejercicio regular, reportan estar sorprendidos porque se siente mucho mejor. Ya no pierden energía con facilidad y descubren que pueden trabajar con mejores resultados durante periodos más prolongados. Utilice las siguientes guías para ayudar a sus hijos a mejorar su estado físico y su desempeño.

★ **Evite la comida chatarra.** Demasiada azúcar (o incluso los endulcorantes artificiales) puede representar un problema para algunos niños, pues hace que se les dificulte enfocarse en su trabajo escolar. Puesto que la mayoría de los niños obtienen entre el 25 y el 33 por ciento de sus calorías de los refrigerios, asegúrese de ofrecer alternativas saludables a las papas fritas, los dulces y otros productos que contienen azúcar y sal. La fruta, las nueces, la crema de cacahuate, las verduras crudas y los jugos de fruta son buenas elecciones. Evite emplear la comida chatarra como recompensa y esté pendiente para que no haya comida chatarra "oculta", como la fruta enlatada y el yogurt de sabor, que pueden tener un alto contenido de azúcar o los refrescos con edulcorantes, que pueden contener también cafeína.

Exhorte a sus hijos para que consideren la comida que eligen y para que practiquen un poco de autodisciplina cuando se trate de comida chatarra. Hábleles sobre el vínculo entre lo que entra en sus cuerpos y cómo sienten y reaccionan.

Ejemplo:

"¿Recuerdas, Allison, lo nerviosa que estabas antes de ese examen importante? No desayunaste y en la escuela tomaste un refresco y una barra de dulce. Me pregunto si la cafeína del refresco y el dulce en el estómago vacío no te pusieron más nerviosa de lo que estabas".

★ **Estudie las etiquetas de los envases de los alimentos.** Aunque es probable que no resulte práctico eliminar toda la comida chatarra que comen sus hijos (como los menús de comida rápida), puede aumentar la comida saludable que comen en casa haciendo uso de la excelente información en las etiquetas, que en la actualidad es obligatoria en toda la comida empacada. Leer las etiquetas y elegir los alimentos cuidadosamente puede ayudarlo a disminuir las cantidades de grasa saturada, de sodio y de azúcar en la dieta de su familia. Leer las etiquetas ayuda también a proporcionar los requerimientos diarios mínimos de vitaminas y minerales en la comida que sirve. Estos niveles recomendados pueden encontrarse también en la información de las etiquetas.

★ **Equilibre los menús de los grupos de alimentos básicos.**

★ **Haga que el desayuno, el almuerzo y la cena sean la base de la dieta saludable de su familia.** Mantenga los postres lo más saludables posible. El yogur de fruta descremado, los postres de fruta o de fruta congelada son buenas elecciones. Mantenga las raciones pequeñas y asegúrese de que los niños hayan comido primero los alimentos saludables. Tenga cuidado en no sobornar con el postre ("Si comes tu cena, podrás probar el delicioso pastel de chocolate que preparó la tía Anita".) A menudo, el soborno enseña a los niños a enfocarse todavía más en el postre, ya que la cena es algo que deben soportar por el agasajo anticipado que tendrán al final.

★ **No obligue a comer a sus hijos.** Ésta es una manera segura para que no quieran los alimentos que usted les está imponiendo e incluso para que no deseen comer en general. (¿Recuerda cuando usted era niño y alguien trataba de obligarlo a comer hígado y usted arqueaba?) En cambio permita que los niños elijan entre terminar su comida o esperar hasta la siguiente. Mientras no se les permita saltar hasta el postre, sus cuerpos pronto empezarán a ansiar la comida nutritiva que usted preparó.

Estimule a sus hijos para que prueben nuevos alimentos, pero no los obligue a limpiar sus platos. Si tiene problema para lograr que sus hijos coman verduras, pruebe sirviéndolas como una botana antes de la comida, cuando los niños están más hambrientos. Puede tener un éxito mayor con los niños que no comen bien, si considera sus gustos al planear las comidas. Los niños mayores pueden ayudarlo a planear los menús, las compras y a cocinar.

★ **Haga que la hora de la comida sea lo más re-
lajada y agradable posible.** La hora de la comida familiar puede ser una ocasión para
estimular los circuitos mentales y las papilas
gustativas. Mantenga estas ocasiones libres de
confrontación, de solución de problemas importantes y de negociaciones de trabajo. Desconec-
te el teléfono y el televisor y asegúrese de incluir
a sus hijos en la conversación. Establezca una
cena familiar especial para la conversación (al
menos una vez a la semana) y apéguese a ello.
La prioridad que le dé mostrará a sus hijos que
hablar y pensar juntos es importante en su familia (y dos de las mejores formas para que los
niños desarrollen las habilidades del lenguaje
y del pensamiento).

Ejercicio:

Otra forma de proporcionar al cerebro energía es
mediante el ejercicio. La respiración profunda que
efectuamos durante el ejercicio oxigena la sangre
que fluye hacia el cerebro. El oxígeno ayuda a las
células cerebrales a trabajar vigorosa y
eficientemente, por lo que el ejercicio puede preparar el sistema para el aprendizaje. El ejercicio
parece ayudar a activar las sustancias químicas
del cerebro para lograr una mejor atención y
memoria en la clase y disipa la "inquietud" que
sienten muchos pequeños (en particular los niños),
cuando tienen que permanecer sentados mucho

tiempo. Los niños que tienen una buena condición física es más probable que participen en las actividades escolares, como juegos, bailes y deportes, que promueven una vida social positiva.

El movimiento y la actividad física como parte del aprendizaje son también importantes. Para los preescolares, tocar, sentir, manipular y experimentar con el mundo físico es esencial.

¿Cuánto ejercicio es suficiente? El doctor Cooper recomienda que los niños tengan al menos tres periodos de actividad física de 30 minutos, cada semana. Las siguientes sugerencias pueden ayudarlo a promover el ejercicio como una parte regular y disfrutable de su vida familiar.

★ **Haga que sus hijos sean responsables de su propia aptitud física.** Por ejemplo, ayude a sus hijos a elegir actividades físicas que puedan llevar a cabo por su cuenta con regularidad, desde andar en bicicleta y jugar básketbol, hasta deportes en equipo organizados en un centro juvenil local.

  • **Sea un ejemplo haciendo también ejercicio.**
  • **Haga que la familia valore el ejercicio participando juntos en deportes y en actividades para una buena condición física.**
  • **Entrene en un equipo deportivo en el que juegue su hijo.**

- **Encuentre actividades que sus hijos disfruten llevar a cabo.** El ejercicio que resulta divertido se convierte en un hábito positivo durante toda la vida.

★ **Ayude a sus hijos a enfocarse en mejorar personalmente, en lugar de enfocarse en ganar y perder o en compararse con los demás.** Si su hijo juega en una liga deportiva, por ejemplo, dé énfasis a su progreso individual y al mejoramiento del equipo, en lugar de enfatizar si ganan el campeonato.

★ **Estimule que tomen parte en programas deportivos de la comunidad.**

★ **Ayude a sus hijos a desarrollar y a utilizar una gráfica de pared u otro sistema para registrar el progreso.**

★ **Apague el televisor.** Aunque sonaba trillado cuando nuestros padres lo decían, insista en que sus hijos "salgan a jugar".

El sueño

La madre que dice a su hijo de dos años, llorón y berrinchudo, que necesita una siesta, porque "está cansado", comprende instintivamente la relación entre el sueño y el comportamiento. Cuando los niños no duermen lo suficiente, se muestran cansados e irritables y su desempeño se ve afectado. (Esto puede ser dañino especialmente si presentan un examen al otro día, puesto que una mente cansada funciona con menor eficiencia.)

¿Cuánto sueño es suficiente? La mayoría de los expertos recomiendan que los niños duerman entre ocho y diez horas por la noche. Puede aprender a valorar los requerimientos de sueño de sus hijos captando las señales de falta de sueño. Reconsidere sus políticas relacionadas con la hora de irse a la cama, si su hijo:

✦ tiene dificultad para concentrarse en los estudios y en otras tareas mentales, durante más tiempo que un periodo corto;
✦ se mueve impaciente e inquieto más de lo acostumbrado;
✦ se frustra con facilidad;
✦ está irritable;
✦ se queda dormido en el sofá, en la mesa a la hora de la comida o en su pupitre en la escuela;
✦ tiene mucha dificultad para despertarse por la mañana;
✦ tiene ojeras.

Si su hijo no está durmiendo el tiempo suficiente, utilice las técnicas para irse a la cama que presentamos más adelante en este capítulo, para ayudar a establecer una rutina más exitosa en el momento de irse a la cama. Usted y su hijo se sentirán mejor.

El inicio correcto

La forma en que sus hijos inician el día depende mucho de usted. Trate de mantener el caos matutino al mínimo. Desde la noche anterior organice la ropa, las tareas y la preparación básica del desayuno. No inicie discusiones ni trate temas emotivos durante el desayuno, si es posible. Hable con sus hijos antes de que partan. Dígales lo mucho que le interesan y lo feliz que se sentirá al verlos al final del día.

CÓMO ESTRUCTURAR SU HOGAR

Los psicólogos han sentido curiosidad durante años acerca de por qué algunos padres parecen poder criar buenos estudiantes y buenos ciudadanos futuros, mientras que otros no. Sus estudios muestra con claridad que uno de los principales factores es un ambiente bien organizado, donde los padres están firmemente (pero con gentileza) a cargo y donde existen reglas razonables y expectativas realistas y claramente expresadas. Podríamos caracterizar estas cualidades de la siguiente manera:

○ **"En esta casa hay reglas razonables que nos mantienen a salvo".** (A medida que los niños crecen, tomarán parte cada vez más en la negociación de las reglas.)

○ **"Esperamos que actúes lo mejor que sea posible, pero deseamos escuchar y estamos ansiosos por ayudar, si tienes algún problema".**

○ **"Aquí, la vida procede de acuerdo con un horario.** Podemos cambiarlo, dependiendo de las actividades familiares e individuales; trabajaremos juntos en su planeación. Habrá horas regulares para las comidas, la tarea e irse a la cama".

○ **"Debido a que nos interesa tu desempeño en la escuela, limitamos el horario para mirar la televisión y jugar los juegos de video".** Las reglas para la televisión y los juegos de video varían bastante, pero casi todas las familias con estudiantes exitosos fijan límites para estas actividades. Algunos pediatras sugieren un total de 10 horas por semana, mientras que otros recomiendan una hora las noches entre semana y más, si se desea, los fines de semana. Muchas familias con "éxito en la escuela" miran juntos programas interesantes y películas, para después discutir, criticar y comentar lo que vieron. También es aconsejable desalentar o prohibir que los niños tengan un televisor y juegos de video en sus habitaciones, para poder controlar mejor el tiempo que les dedican y el contenido.

○ **"Disfrutamos pasar tiempo contigo en actividades tales como juegos, pasatiempos, lectura, plática, caminatas y el desempeño de tareas".**

Cómo proporcionar la estructura

Algunos padres se preocupan porque demasiada estructura puede dañar el desarrollo de un niño. Otros se preocupan por ser demasiado poco firmes y no proporcionar suficiente disciplina. Como sucede con casi todo en la vida, la moderación es la clave. Estructurar cada minuto que pasa despierto un niño, mientras lo lleva de una actividad a la siguiente, es exagerado y, probablemente, contraproducente. Estos niños a menudo se sienten sobrecargados, (¡al igual que sus padres!), sin motivación y deprimidos.

A muchos padres se les facilita desarrollar una estructura para ellos mismos y sus hijos. Están acostumbrados a utilizar horarios, listas de "cosas por hacer" y otras ayudas en el manejo del tiempo. Se sienten cómodos al saber que la cena, la hora de irse a la cama, etcétera, son a ciertas horas. Si usted es esta clase de padre, observe si no está proporcionando demasiada estructura. Quizá necesite permitir un poco de flexibilidad en las rutinas de su familia.

★ **Fije una hora regular para la cena.** Una hora de la cena establecida con toda la familia:

+ es una oportunidad para relajarse todos los días (¡no es momento para interrogarlos severamente!);
+ proporciona alimento físico y placer;
+ es un gran momento para compartir en familia;
+ crea un ambiente apropiado para la charla familiar, una de las formas más efectivas en que los niños desarrollan sus habilidades de lenguaje y pensamiento.

Incluso si todos en la familia no pueden reunirse durante la semana, trate de fijar una hora para la cena los fines de semana.

★ **Desarrolle una rutina para la hora de irse a la cama.** Para muchos padres, la hora de irse a la cama equivale a un tiempo de discusión. Incluso si una de las leyes del universo es que los niños se resistan a irse a la cama, una rutina que incluya

actividades positivas puede hacer que el problema resulte mínimo. Con los niños pequeños, la
rutina debe ser así:

7:30 Baño. Permita tiempo para que juegue en la
      bañera con sus juguetes, un poco de música
      e incluso juguetear con mamá y papá.

7:45 Ponerse el piyama.

7:50 Lavarse los dientes.

7:55 Hora de cuentos o lectura.

8:15 Oraciones y/u otras tradiciones al final del día.

8:20 Abrazos de buenas noches y "Te amo".

Para los niños mayores, simplemente saber que
necesitan estar listos para irse a la cama a cierta
hora cada noche, puede ser suficiente estructura para
que ellos independientemente se bañen, se laven los
dientes, se pongan el piyama, etcétera. Incluso con
estos niños, un momento con los padres a la hora de
irse a la cama es un cierre confortante del día. Es
también un buen momento para compartir; puede
enterarse de muchas cosas sobre su hijo durante este
momento relajado del día. Además, como el hablar
con los padres retarda la hora de irse a la cama,
puede ser el único momento en que su hijo le platique.

Tiempo extra de lectura

La hora de irse a la cama es un gran momento para
estimular la habilidad académica más importante

de todas, la lectura. Muchos de nosotros desarrollamos nuestra afición por la lectura con las historias a la hora de irnos a la cama y con los libros que nuestros padres compartían en ese momento tranquilo, antes de dormirnos. Contar cuentos a nuestros hijos, leerles un libro, permitirles que ellos nos lean, son formas maravillosas para reforzar el poder y el placer de la palabra escrita. Incluso los niños mayores disfrutan cuando sus padres les leen un libro, que está un poco más allá de su propia habilidad para leer.

Puede exhortar a los niños mayores para que lean más, si les permite unos minutos extra para leer por su cuenta, después de darles las buenas noches. Este "tiempo extra" debe permitirse únicamente cuando los niños han terminado a tiempo sus otras tareas antes de irse a la cama. Debido a que casi todos los niños disfrutan permanecer levantados un poco tarde, asociarán la lectura con una parte divertida y positiva del día.

★ **Planee algunas actividades para los fines de semana y los días festivos.** Las actividades ocasionales planeadas ayudan a equilibrar el tiempo libre no estructurado. Aunque la planeación excesiva es un error, una actividad divertida arreglada con anticipación para el fin de semana o durante unas vacaciones, da a los niños algo que anhelar y ayuda a evitar que estén sin algo que hacer durante este periodo prolongado (para un niño). Discutan como familia lo que se espera para el fin de semana. Planear una salida familiar al parque, al zoológico o a visitar a los abuelos puede enriquecer a todos. Anótelo en el calendario familiar.

★ **Lleve a cabo una reunión familiar a la semana.** Utilice el tiempo para planear salidas familiares, solucionar problemas entre los miembros de la familia y discutir temas de importancia para cada persona. Aunque resulta desafiante llevarla a cabo, la reunión familiar es una manera maravillosa para crear armonía y estructura.

★ **Ayude a su hijo a organizar su habitación.** Esto es importante, por lo que debe respirar profundo y continuar leyendo. Aprender a estructurar su espacio habitable es un gran logro para un niño. Descubrir que "todo tiene un lugar y se encuentra en ese lugar" puede ayudar a un niño a ser más eficiente en el hogar, en la escuela y, posteriormente, en el trabajo.

Ajuste el nivel de estructura según se necesite

Los niños de diferentes edades y temperamentos requieren de cantidades distintas de estructura. Algunos niños han aprendido a estructurar su propio tiempo y pueden manejarlo con mayor libertad. Otros necesitan la ayuda de una persona adulta para proporcionar algunos límites externos. Para determinar cuánta estructura necesita su hijo, suelte gradualmente las riendas y vea cómo responde. ¿Está aburrido, inquieto o tiene problemas? ¿Actúa bien por su cuenta? Ajuste su nivel de ayuda hasta que su hijo parezca capaz de llevar a cabo las tareas en forma efectiva.

Tarea

Una de las mejores maneras para hacer del estudio una experiencia positiva para usted y su hijo es aplicar los principios de organización y estructura a la tarea. Éstos son algunos consejos para que los considere:

* ★ **Ayude a su hijo a establecer un área de trabajo.**
* ★ **Acuerde una hora regular para el estudio.** Si tiene más de un hijo haciendo la tarea, trate que todos trabajen al mismo tiempo. Este arreglo proporciona una atmósfera positiva y menos distracciones. (¡Los padres también descansan!) Para obtener su consentimiento, que todos sus hijos tomen parte para elegir la hora de estudiar. Si no llegan a un acuerdo, pruebe rotando la hora del estudio semanal o mensualmente. Por supuesto, tiene la opción de permitir que cada niño elija su propio tiempo y de asistirlos por separado.

Algunos niños logran un mejor resultado trabajando por periodos cortos, con descansos. Si su niño es uno de éstos, ayúdelo a organizar la tarea en periodos cortos (quizá de 20 minutos), con tiempo intermedio para jugar o hacer ejercicio. La energía renovada puede ser de utilidad. De la misma manera, después de estar sentados en el salón de clases todo el día, la mayoría de los niños disfrutan alguna actividad física después de la escuela, antes de sentarse nuevamente a hacer la tarea. Base el tiempo dedicado al estudio en un periodo específico y razonable, no en la cantidad de tarea. Incluso cuando su hijo no tenga tarea, puede utilizar su tiempo de estudio para actividades relacionadas con la escuela. Esta política reforzará el hábito del estudio y ayudará a evitar que se apresure a hacer la tarea para poder terminar pronto. Por otra parte, si su hijo trabaja en forma constante y continuamente no logra terminar la tarea dentro de un límite razonable de tiempo, alerte al maestro sobre el problema.

★ **Proporcione un ambiente tranquilo para el estudio.** Puede mostrar a su hijo que valora la tarea y que respeta su necesidad de terminarla efectivamente, manteniendo la casa en silencio durante este periodo.

★ **Ayude a su hijo a desarrollar una lista de las tareas "por hacer".** Mantener una relación de las tareas pendientes puede ser difícil para algunos estudiantes. Ayude a su hijo a desarrollar un sistema para anotar las tareas cuando el maestro las deja y después revisarlas cuando estén terminadas. Esta lista de "tareas pendientes" no sólo es una forma efectiva para cumplir con las tareas, sino que también proporciona a sus hijos un sistema productivo para registrar toda clase de trabajo.

Hogar = un sitio para aprender

Después de haber establecido un ambiente que sea de "aprendizaje-amistoso" para su hijo, ¿qué le parece hacer de su hogar un lugar donde los adultos también aprendan? Tenga en casa suficientes libros, periódicos y otro material de lectura; limite su propio tiempo para mirar la televisión y muestre curiosidad e interés en el mundo a su alrededor para decir a sus hijos que aprender es algo que se disfruta y que vale la pena el esfuerzo que se le dedica.

Presentación de exámenes

La presentación de exámenes es una habilidad que puede aprenderse. A continuación damos algunos consejos excelentes. Repáselos con sus hijos y decidan juntos cómo adaptarlos a los estilos de aprendizaje individuales de sus hijos.

Cómo estudiar para el examen

❖ **El estudio debe iniciarse poco después de que empieza el año escolar.** Mantener organizados los apuntes para el repaso y hacer las tareas.

❖ **Escuchar los consejos del maestro sobre lo que vendrá en el examen.** Preguntarle cómo deben concentrar sus esfuerzos.

❖ **Determinar la información más importante en el material de estudio y aprenderla primero.**

❖ **Iniciar el estudio intensivo temprano por la tarde, antes del día del examen.** (El tiempo exacto dependerá de la edad del estudiante, de su rutina de estudio regular y del nivel del examen.)

❖ **Desarrollar un examen de práctica, ya sea solo o con un compañero de estudios.** Tal vez desee escribir una lista de preguntas que podrían aparecer en el examen, antes de iniciar el estudio intensivo, para que la lista pueda ayudar a estudiar. El estudiante podría pedir a un amigo que le haga un examen de práctica, casi al final del estudio, para prestar atención a cualquier punto que haya descuidado.

✤ **Utilizar la autoestima.** Las investigaciones muestran que los estudiantes que estudian y trabajan en desarrollar su propia autoestima tienen un mejor resultado que aquéllos que sólo estudian. Por ejemplo, pensamientos tales como: "estoy bien preparado y saldré bien en este examen" puede ayudar a mantener una mente calmada y clara.

✤ **Reunir todo el material para el examen la noche anterior.** El hecho de tener que pedir prestado un lápiz un momento antes de presentar el examen puede romper la concentración y hacer que se tenga un mal comienzo.

✤ **No permanecer despierto demasiado tarde y desayunar bien.** La mañana del examen, el estudiante tendrá un mejor desempeño con la mente descansada y el cuerpo con energía.

Presentación del examen

Fase 1: Revisión del examen.

✤ **Antes que otra cosa, leer las instrucciones con mucho detenimiento y seguir las indicaciones con exactitud.** El hecho de perder algo aquí puede tener un resultado dramático. Por ejemplo, las instrucciones pueden pedir que se responda a una de las siguientes dos preguntas;

si no se captaron dichas instrucciones, el estudiante perderá la mitad del tiempo del examen respondiendo una pregunta innecesaria.

❖ **Leer rápidamente todo el examen, jerarquizando las preguntas que son más difíciles, las que cuentan más y las que no se comprenden.**

❖ **Preguntar sobre cualquier cosa que no se comprenda.** Los niños tímidos quizá necesiten practicar cómo pedir una aclaración.

❖ **Programar el tiempo, dedicando más tiempo a las preguntas que hay que desarrollar.** ("Tardaré 10 minutos en la sección verdadero/falso, 20 minutos en la de elección múltiple y 30 minutos en la composición".)

❖ **Respirar profundo.** Esto ayudará a relajarse y a pensar con mayor claridad.

Fase 2: Solución del examen.

❖ **Responder primero las preguntas fáciles.** Esto no sólo representa un buen manejo del tiempo, sino que ayudará también a desarrollar la seguridad.

❖ **Regresar a las preguntas más difíciles, pero no dedicar demasiado tiempo a ninguna de éstas, hasta haber terminado todas las demás.**

❖ **Escribir con claridad.**

❖ **Prestar atención a las indicaciones y a las palabras clave en cada pregunta.** Por ejemplo, algunas alternativas en las preguntas de elección múltiple pueden eliminarse porque harían que la frase completa fuera incorrecta gramaticalmente.

✣ **Anotar algo en cada pregunta, aunque no se conozca la respuesta.** El estudiante puede saber más de lo que cree. Nota: a los niños se les puede explicar cuando presentan exámenes comunes, que las respuestas incorrectas pueden costarles más puntos, que las respuestas que dejen en blanco. El estudiante debe asegurarse de conocer las instrucciones exactas para cada examen.

Fase 3. Revisión.

✣ **Revisar cada pregunta con detenimiento, antes de entregar el examen. Puede descubrirse un error por descuido o recordar algo en el último** minuto.

✣ **Utilizar todo el tiempo permitido. Mientras más se revisen las resp**uestas, más oportunidades hay de descubrir errores.

CAPÍTULO 3

Cómo trabajar junto con la escuela

Las familias que logran éxito en la escuela saben que cuando los educadores y los padres trabajan juntos, el impacto positivo en los niños puede ser enorme. Desarrollar una relación de trabajo con los maestros de sus hijos ayuda a usted y a los maestros a valorar mejor la preparación de sus hijos y la habilidad para hacer la tarea. Los padres tienen una idea mejor sobre dónde es necesaria su ayuda y los niños se sienten más cómodos en la escuela, cuando notan la armonía entre sus padres y el maestro. Al seguir algunos pasos simples, puede establecer líneas abiertas de comunicación con los maestros de sus hijos. Comprender sus perspectivas ayudará a que su relación sea productiva y cordial.

Preguntas para formular al maestro de su hijo

Las siguientes son preguntas que el maestro puede responder:

○ **¿Cuál es el programa para este año?** Naturalmente, está interesado en conocer las materias que estudiará su hijo. ¿Tendrá diferentes maestros para algunas materias? Si es así, anote sus nombres. ¿El programa cubrirá algunos temas especiales? Algunos maestros proporcionan una lista de los libros que leerán los estudiantes. Tal vez desee leer algunos de estos libros, para hablar sobre ellos con su hijo. ¿El maestro planea introducir algunos proyectos a largo plazo? ¿Tiene usted alguna habilidad o conocimiento particular? ¿Hay algo que usted pueda hacer que podría ser de utilidad? (como llevar materiales, ponerse en contacto con conferencistas, hacer los arreglos de la comida para un evento particular?

○ **¿Qué materiales necesitará su hijo? El maestro de su hijo puede proporcionar una lista de los materiales que los estudiantes deben comprar (en muchas escuelas, dicha lista está a la** disposición antes del primer día de clases).

○ **¿Cuál es la política del maestro respecto a la tarea?** Averigüe si el maestro asigna tareas rutinariamente. ¿Cuánto tiempo se espera que los estudiantes dediquen a la tarea cada tarde? ¿Se pasan hojas indicando la tarea o el estudiante debe anotarla cada día? ¿Qué opina el maestro respecto del papel de los padres de ayudar con la tarea? Si se planean proyectos especiales, ¿su hijo necesitará visitar la biblioteca?

○ **¿Cuál es la política del maestro en relación a que los padres sean voluntarios en la escuela?** La mayoría de los maestros aprecian toda la ayuda que puedan conseguir y quizá animen a los padres para que dediquen tiempo como voluntarios. Por ejemplo, los padres podrían dirigir grupos de discusión de libros (común en las clases de literatura) ayudar en la biblioteca, llamar a otros padres para darles información, conducir durante paseos o proporcionar refrescos en ocasiones especiales. Muchas escuelas seleccionan "padres" para que sean ayudantes especiales. Si usted tiene tiempo, ofrezca ayuda. No necesita contar con una educación avanzada o con alguna habilidad especial para contribuir, sino sólo con el deseo de ayudar. Además de divertirse, hará que su hijo se sienta orgulloso de usted.

○ **¿Cómo se informará a los padres sobre las políticas adicionales de la escuela o del salón de clase, como la asistencia, la disciplina, la salud y la seguridad?**

○ **¿Cómo juzgará el maestro el progreso de su hijo?** ¿Cuándo puede usted esperar la boleta de calificaciones y qué clase de sistema de calificaciones se utilizará? ¿Las evaluaciones se basarán en el logro académico, o el esfuerzo y la actitud jugarán un papel?

○ **¿Cuál es la mejor manera para intercambiar información?** Informe al maestro cómo ponerse en contacto con usted. Averigüe cuál es la mejor manera de ponerse en contacto con él, en caso de que sea necesario. Tenga en mente que el maestro está muy ocupado, al igual que usted; además de trabajar con su hijo, él trata con muchos padres. Formule las siguientes preguntas para determinar la manera más eficiente para mantener el contacto.

• ¿Es correcto visitarlo?
• Si es así, ¿cuándo?
• ¿Es mejor poner por escrito sus preocupaciones?
• Si es así, ¿debe enviarlas a la escuela con su hijo o enviarlas por correo a la escuela?
• ¿A qué dirección?
• ¿Qué procedimiento debe seguir, si necesita pedir una cita?
• Si le preocupa algún asunto fuera del salón de clases, como algún problema con el autobús escolar, ¿debe ponerse en contacto con el maestro, con el asesor o con alguna persona de la oficina del director?

Informe a la escuela sobre las necesidades especiales de su hijo

Los padres necesitan alertar a la escuela antes de que se inicie el año escolar, sobre cualquier necesidad especial de sus hijos. Averigüe el procedimiento de la escuela (si es necesario enviar una nota o llamar por teléfono) para informar al maestro si su hijo:

- ve o escucha mal;
- tiene otros problemas físicos, como alergias;
- necesita medicamentos especiales (incluyendo las instrucciones para administrarlos o los posibles efectos secundarios);
- tiene algún temor importante sobre cosas tales como la intimidación por parte de otros estudiantes;
- tiene un problema de aprendizaje diagnosticado;
- está experimentando estrés o pena por eventos tales como problemas familiares, un cambio reciente o la muerte de una mascota.

Solución de problemas en cooperación

Por desgracia, las dificultades en la escuela pueden significar también en ocasiones problemas con el maestro de su hijo. Esto sucede rara vez, pero cuando un padre tiene un buen motivo para creer que un maestro no está desempeñando su trabajo adecuadamente o que está tratando injustamente a un niño, debe actuar. Al hacerlo, debe proceder con precaución. Primero, busque estas banderas rojas:

1. **Repetidos incidentes negativos relacionados con los métodos o el comportamiento del maestro, reportados por su hijo y verificados por niños a adultos responsables.**
2. **Comentarios abusivos por escrito del maestro en hojas de trabajo que su hijo lleva a casa.**
3. **Cambios repentinos e inexplicables en actitudes o comportamiento o síntomas físicos (por ejemplo, dolores de estómago frecuentes) en su hijo.** (Nota: dichos cambios están frecuentemente relacionados con otras causas, como problemas de aprendizaje o emocionales no diagnosticados, por lo tanto, *no asuma que dichos cambios solos indican un problema con el maestro.*)

Si un problema ha perdurado durante varias semanas, pida una cita con el maestro. Quizá desee pedir en la cita una oportunidad para observar a su hijo en el salón de clases. (Esto dependerá de su horario y de las políticas de la escuela.) En ocasiones, este tipo de atención elimina el problema y los padres pueden enterarse sorprendidos de que el comportamiento de su hijo es en realidad la fuente del problema. Estos son asuntos sensibles y no deseará enfadar al maestro, por lo que debe utilizar su buen juicio para decidir el curso de acción a seguir.

Si la situación no mejora, haga una cita con el director, el consejero o con el psicólogo de la escuela. Exponga con claridad su caso, utilizando toda la evidencia objetiva que haya podido acumular. Si el problema es el resultado de un conflicto de personalidad entre su hijo y un maestro en particular, el director debe sugerir algunas soluciones útiles. Un cambio de salón de clase puede ser el último recurso. Si el problema es más extenso y más de una familia está involucrada, hagan una cita en grupo para hablar con el director.

El grado de su intervención variará de acuerdo con la edad de su hijo. Si su hijo está en preescolar o si cursa los primeros años de la primaria, preste mucha atención. Sus hijos no son buenos reporteros de los hechos y a menudo se culpan a sí mismos, en lugar de percibir la naturaleza no realista y sumamente punitiva de las demandas de una persona adulta.

Si su hijo cursa los últimos años de la primaria, usted todavía tiene una gran responsabilidad de comprobar que se encuentre en un medio ambiente educativo positivo y saludable. Sin embargo, al igual que con los adolescentes, deseamos animar a los niños que estudian la primaria para que se responsabilicen cada vez más en "pelear sus propias batallas". Aprender a llevarse bien con personas difíciles (como los maestros o los jefes) es una lección importante, pero debemos vigilar las situaciones que los niños realmente no pueden manejar. Los maestros incompetentes son raros, por lo tanto, si usted es como la mayoría de los padres, nunca necesitará intervenir en una situación así.

Modelo para la cooperación en la solución de problemas

1. Haga una cita con el maestro.

2. Enfóquese en su objetivo común, para ayudar a su hijo a triunfar.

3. Anote sus preocupaciones, antes de asistir a la cita.

4. Pregunte al maestro cómo considera el problema.

5. Encuentre un terreno común.

6. Lleve una solución, no sólo el problema.

7. Pacte un curso de acción.

8. Acuerde cómo seguirá el curso del problema.

9. Registre el progreso.

10. Evalúe la situación en una cita próxima.

Conozca y apoye el plan de disciplina de la escuela

Todas las escuelas necesitan el apoyo de los padres para mantener un ambiente razonablemente disciplinado para los estudiantes y los maestros. Conozca el plan de disciplina de su escuela. Si está por escrito, pida una copia a la oficina. Llévelo a casa y léalo junto con sus hijos. Quizá no esté como usted lo escribiría, pero a no ser que contenga técnicas o enfoques a los que se oponga enérgicamente, deseará ayudar a su hijo a aprender a vivir dentro de estas reglas. Si la escuela no tiene un plan por escrito, pida al maestro de su hijo que explique los métodos de disciplina que utiliza en su salón de clases y el enfoque que la escuela da a la disciplina.

Si se opone enérgicamente a algunas partes del plan, tal vez desee hacer una cita con el director para discutir sus preocupaciones. Si tiende a enfadarse e indignarse con facilidad, asegúrese de estar calmado, antes de pedir la cita. Una relación positiva entre usted y la escuela es importante para su hijo y para su familia. Si da un enfoque hostil, es probable que la administración se muestre defensiva e influya en su efectividad. Además, dicho enfoque es injusto. Todavía no ha escuchado la opinión de la escuela. Escuche con mente abierta el punto de vista de la escuela; quizá esté de acuerdo con sus políticas más de lo que cree. Permanezca calmado y busque solucio-nes.

Esté especialmente en guardia para no degra-dar la política de disciplina de la escuela frente a su hijo. Esto puede enviar el mensaje de que su hijo no tiene que obedecer las reglas ni aceptar la autoridad del maestro. Si él ya tiene proble-mas con la autoridad, puede interpretar su ira como una licencia para ser más rebelde. Esta in-tensificación del problema no es para el mejor interés de usted o de su hijo. Deje perfectamente en claro ante su hijo que la escuela tiene autori-dad legítima para establecer una política y que a no ser que dicha política pueda cambiarse, de-pende de él cumplir con las reglas.

Cómo comprender la información de la escuela

Una de las mejores maneras para conocer las habilidades de su hijo es prestar mucha atención a cualquier información de la escuela. También tiene derecho legal de ver cualquier información sobre su hijo que la escuela tenga archivada. Muchos distritos escolares tienen un expediente que acompaña a su hijo año con año. En éste se mantienen la información sobre las boletas de calificaciones y algunos exámenes oficiales que se hayan dado a grupos grandes de estudiantes. Estas pruebas comparan el progreso de su hijo con el promedio de una edad o grado. Los exámenes pueden ser de "aptitud" (por ejemplo, pruebas de IQ, habilidades especiales, aptitudes de carrera) o de "logro" (por ejemplo, el nivel de lectura, matemáticas y ciencias que el niño ha dominado).

Los distritos y los estados varían ampliamente en su elección de las pruebas y en la forma en que dichos resultados se utilizan o reportan a los padres. Muchas escuelas han discontinuado el uso de las pruebas de IQ, por motivos que pronto comprenderá. Si le preocupan las pruebas, puede preguntar al director sobre la política de la escuela, pero la mayoría de los padres consideran que están adecuadamente informados mediante los reportes regulares del maestro. Sin embargo, en ocasiones, la información de la escuela es difícil de descifrar. Éste es un breve compendio.

Pruebas de aptitud

Las pruebas de aptitud son aquéllas que intentan medir la inteligencia básica de un niño (IQ), los intereses o las habilidades de aprendizaje, como el lenguaje o las habilidades perceptuales. Aunque algunos tipos de pruebas de IQ pueden ser muy útiles para un psicólogo entrenado, estas pruebas se han criticado recientemente, porque no siempre son justas para los niños de diferentes culturas, sus resultados no parecen ser predecir éxitos perdurables y se han utilizado también frecuentemente en forma inapropiada para asignar etiquetas (por ejemplo, "retardado mental") a los niños.

Como señaló el psicólogo Howard Gardner, la "inteligencia" es mucho más complicada que cualquier cosa que pueda probarse en un tiempo breve ¡y los expertos todavía discuten sobre lo que esto es! Puesto que los estudiantes con un alto nivel de motivación y con buenos hábitos para aprender, cotidianamente hacen que estas pruebas no sean fidedignas, sabemos que todavía tenemos mucho que aprender sobre la "aptitud".

Estás son algunas guías para considerar, sobre la pruebas de aptitud:

✦ **Nunca permita que se tome una decisión importante sobre su hijo basándose en una prueba o
en la opinión de una persona.**

✦ **Las pruebas del grupo IQ, que se dan a toda una
clase a la vez y que utilizan hojas de respuesta
anotadas a lápiz y calificadas a máquina, son
medidas de inteligencia poco confiables.**

✦ **Si un niño necesita pruebas especiales para valorar sus habilidades de aprendizaje, su falta de
habilidad o su colocación en un programa especial, debe solicitar una evaluación psicoeducativa
completa, por un profesional capacitado.**

✦ **Si su hijo ha presentado las pruebas y usted no
comprende lo que significan los resultados, no
dude en hacer preguntas, hasta que la información quede debidamente explicada.** Tiene el derecho legal de solicitar una cita para compartir los
resultados de cualquier prueba o evaluación que
le hayan hecho a su hijo.

✦ **Si profesionales calificados hacen recomendaciones para su hijo, basándose en una evaluación completa, preste atención y trate de seguir
sus sugerencias.** Esto debe ayudarlo también a
comprender los objetivos de la escuela y a mantenerse informado sobre el progreso de su hijo.

Si sospecha que existe una diferencia en el aprendizaje

Empiece a hacer preguntas sobre el posible *problema de aprendizaje*, si su hijo muestra una dificultad persistente y no común para dominar ciertas materias, como lectura o matemáticas, o habilidades, como escritura u ortografía. Los problemas de aprendizaje o "diferencias de aprendizaje" como algunos preferimos llamarlas) se presentan en niños competentes. Por lo general se diagnostican basándose en una diferencias significativa entre la inteligencia general del niño y su desempeño en materias o habilidades específicas. Esto no significa que debe aterrarse si su hijo presenta una dificultad temporal con algo en la escuela. Si la complicación es persistente (más de seis meses al menos) y especialmente, si se muestra en varias áreas, quizá necesite empezar a actuar.

Muchos niños atraviesan por dificultades temporales debido a preocupaciones emocionales, a problemas sociales o por asuntos familiares que les preocupan. Estos problemas no deben confundirse con un problema de aprendizaje. Otros niños son simplemente inmaduros (potencialmente pueden ser estudiantes excelentes, pero sus cerebros no están listos para el nivel de trabajo de ese grado). Estos estudiantes a menudo dan la impresión de tener algún "problema de aprendizaje", si alguien trata de presionarlos demasiado o muy pronto. Un niño inmaduro que muestra algunas de las señales de peligro que aparecen enseguida, debe recibir también una evaluación completa.

Señales de peligro

¿Cómo saber si su hijo necesita ser evaluado debido a un problema de aprendizaje? Busque algunas de estas señales de peligro que persistan:

* Una actitud negativa hacia la escuela.
* Síntomas físicos no explicados por causas físicas (por ejemplo, dolores de estómago, problemas de sueño, quejas generales como: "no me siento bien" antes de ir a la escuela por la mañana).
* Historia familiar de problemas de aprendizaje, lectura tardía, mala ortografía, dificultad no común con las matemáticas.
* Retraso significativo en el desarrollo del lenguaje, la coordinación motora, las habilidades sociales u otras áreas.
* Dificultad inexplicable con materias escolares específicas, en particular, la lectura oral, la escritura, la ortografía o las matemáticas, en un niño capacitado.
* Tarea "perdida" persistentemente o tarea que claramente resulta demasiado difícil parta el niño.
* "Flojera", "descuido", "errores por negligencia" (términos aplicados con frecuencia a niños que se es-

fuerzan y que en realidad necesitan enseñanza y ayuda especializadas).

* Dificultad seria para escuchar, prestar atención, recordar u organizar objetos y pensamientos.
* Dificultad no común para relacionarse con otras personas, hacer amigos y comprender los conceptos presentados.
* Cambios continuos de comportamiento, de estado de ánimo y dificultades interpersonales.

Cómo buscar ayuda

Los capítulos 7 y 8 indican los procedimientos para materias académicas específicas. Éstas son algunas guías generales:

1. **Haga una cita con el maestro** para explicar sus preocupaciones.
2. **Solicite pruebas especializadas** del especialista en lectura de la escuela, del psicólogo o del terapeuta del habla/lenguaje.
3. **Considere una evaluación externa** en una clínica o con un terapeuta educativo privado. Lo mejor es el tipo de evaluación psicoeducativa previamente descrita en Pruebas de Aptitud. El reporte que le entreguen debe contener recomendaciones para ayudar a la escuela y al maestro a tratar con mayor eficiencia al niño.

Los maestros y los administradores están en ese negocio para ayudar a los niños, pero pueden estar agobiados por la magnitud de sus trabajos. El papel de usted como abogado y animador de su hijo puede hacer la diferencia entre un resultado positivo y uno negativo. Sin importar que más suceda, su tarea principal es:

★ **Continuar asegurando a su hijo que está bien y que lo ama por encima de todo.**
★ **Trate de evitar las relaciones de confrontación. Usted, la escuela y su hijo necesitan trabajar** juntos para obtener resultados positivos.
★ **Asegúrese de que el ambiente de su casa sea "adecuado para la escuela" siguiendo las indicaciones de este libro.** Los niños con problemas de aprendizaje necesitan atención extra especial en la conversación, límites claros respecto a la televisión y situaciones de tarea estructuradas.

Si tiene un hijo con problemas de aprendizaje, crea por favor que muchas personas así han logrado éxito notable en el campo de la vida.

Hojas de actividades de la sesión 1

SIETE FORMAS DE INTELIGENCIA

Piense en cada uno de sus puntos fuertes y cómo aprende en cada uno de los siete estilos. Llene la siguiente gráfica bajo la columna marcada "padre". En seguida, considere a cada uno de sus hijos y llene la gráfica de acuerdo a cómo considera sus puntos fuertes. Compare en lo que son similares y en lo que son diferentes. Utilice esta información para desarrollar los puntos fuertes de sus hijos y para estimular el desarrollo en las áreas en las que están menos interesados. Esté en guardia para evitar valorar en menos las áreas en las que son fuertes y en las que usted está menos interesado.

Valore cada tipo de inteligencia (F=Fuerte; M=Moderada; I=Indiferente)

Estilo de aprendizaje	Padre	Hijo 1	Hijo 2	Hijo 3
1. Lingüística				
2. Lógica o matemática				
3. Musical				
4. Espacial o visual				
5. Cinética				
6. Interpersonal				
7. Intrapersonal				

CÓMO EVALUAR LOS HÁBITOS DE APRENDIZAJE DE SUS HIJOS

Considere cada uno de los hábitos de aprendizaje discutidos en el Capítulo 1, de la manera como se relacionan con sus hijos. Evalúe los puntos fuertes de sus hijos en cada área, marcando una "E" para excelente; "S" para satisfactorio o "N" para necesita trabajo.

	Hijo 1	Hijo 2	Hijo 3
MOTIVACIÓN			
El niño cree que sus esfuerzos valen la pena y que puede tener éxito si lo intenta.	_____	_____	_____
El niño cree que vale la pena intentarlo, si es difícil, porque lo hace sentir que triunfa.	_____	_____	_____
El niño cree que ser inteligente no es algo con lo que nació, sino algo que puede desarrollar mediante sus propios esfuerzos.	_____	_____	_____
ATENCIÓN			
El niño puede continuar con un proyecto o tarea durante un tiempo razonable.	_____	_____	_____
El niño puede persistir, si una tarea no resulta fácil.	_____	_____	_____
El niño puede cambiar la atención cuando se necesita.	_____	_____	_____

LENGUAJE

El niño puede escuchar y recordar lo que oye.   _____ _____ _____

El niño puede expresar una idea con facilidad.   _____ _____ _____

El niño puede formular preguntas para obtener información.   _____ _____ _____

El niño puede respetar los turnos en la conversación.   _____ _____ _____

MEMORIA

El niño sabe que recordar las cosas es importante.   _____ _____ _____

El niño utiliza "trucos" de memoria para recordar ciertas cosas. _____ _____ _____

El niño sabe que para recordar se requiere esfuerzo.   _____ _____ _____

SOLUCIÓN DE PROBLEMAS

El niño probará formas alternativas para resolver un problema.   _____ _____ _____

El niño tiene seguridad de que resuelve bien los problemas.   _____ _____ _____

El niño comprende que depende de él resolver sus propios problemas. _____ _____ _____

El niño sabe que es agradable resolver un problema después de "equivocarse" varias veces. _____ _____ _____

METACOGNICIÓN

El niño dedica tiempo a pensar las cosas.   _____ _____ _____

El niño escucha hablar a sus padres sobre lo que piensan a cerca de las cosas. _____ _____ _____

El niño sabe que es responsable por la calidad de su trabajo.   _____ _____ _____

El niño sabe que debe ser capaz de hablar sobre las ideas contenidas en lo que está leyendo. _____ _____ _____

INSTANTÁNEA DE LA ESTRUCTURA

Tarea

¿Tienen mis hijos una hora estable-
cida para hacer la tarea?   _____

¿Tienen mis hijos un lugar propio
para estudiar?   _____

¿Está la casa en silencio durante
ese tiempo?   _____

¿Estoy disponible para ayudar, si es
necesario?   _____

¿Cómo puedo modificar la hora de
la tarea para hacerla más efectiva?   _____

Rutina para irse a la cama

¿Tenemos una rutina regular para
ir a la cama?   _____

Si su respuesta es no, cree su propia rutina, usando las siguientes sugerencias como guía. Pruébe-
la durante una semana y después evalúe y mejore
según sea necesario.

Sesión 2

Cómo estimular un comportamiento positivo

CAPÍTULO 4

Disciplina efectiva y estímulo

Vamos a examinar dos cosas que sus hijos necesitan de usted, para desarrollar las cualidades que conducen hacia el éxito en la escuela y fuera de ésta.

☛ Estímulo

☛ Disciplina

Estímulo

Cuando estimulamos a un niño, le damos valor, lo fortalecemos para que enfrente los desafíos que ofrecen la escuela y la vida. Valor es la seguridad que necesita un niño para arriesgarse a fracasar. Su hijo está bajo presión de sus compañeros para hacer algo que sabe que está mal. ¿Tendrá el valor para arriesgarse a emitir su desaprobación o actuará de acuerdo con el grupo? Su hijo se esfuerza por dominar un nuevo concepto matemático. ¿Continuará esforzándose o se dará por vencido?

Los niños con una base sólida de valor tienen la seguridad para arriesgarse a fracasar y para perseverar, cuando el camino se torna difícil. Reconocen que los errores son para aprender y que los fracasos en la vida no hacen que la persona sea un fracaso. Tienen la fuerza emocional para resistir la presión de los compañeros y conservan el valor de sus convicciones. Estos niños continúan aprendiendo y progresando. Finalmente, encontrarán el éxito. No debe sorprendernos que el psicólogo Rudolph Dreikurs escribiera alguna vez que "los niños necesitan estímulo, de la misma manera que las plantas necesitan el agua".

¿Qué apariencia tiene el desaliento?

Debido a que un niño desalentado no obtiene satisfacción del aprendizaje y de la escuela, a menudo buscará otras áreas en las que pueda triunfar.

Éstas pueden ser los deportes o las actividades sociales. También puede significar el mal comportamiento. Los niños desalentados es más probable que desarrollen problemas de comportamiento en la escuela (riñas en el patio de juego, interrupciones en el salón de clases y otras acciones) que les quitan las oportunidades de aprender.

Vamos a examinar cuatro de las formas más comunes en que los padres desaniman a sus hijos:

◗ Enfocándose en los errores
◗ Atacando la personalidad y siendo perfeccionistas
◗ Sobreprotección

Enfocándose en los errores

Pruebe un experimento. Al leer esta frase, ¿está consciente de la temperatura a su alrededor? Si lo está, es probable que sienta demasiado calor o demasiado frío. Es poco probable que esté pensando, "Aquí está muy confortable".

Por desgracia, esta misma tendencia se presenta cuando educamos a nuestros hijos. Es fácil para nosotros entrar en la habitación del niño e ignorar la cama bien hecha, los libreros ordenados y la ropa que está guardada en los cajones. Sin embargo, *notamos* la toalla húmeda sobre una pila junto a la cama. Decimos "Caroline, nuevamente olvidaste colgar la toalla, después de que te bañaste".

En sí, no hay nada tan terrible en este comentario. (Aunque podría haber omitido la palabra "nuevamente"). Sin embargo, si no tiene cuidado en hacer comentarios sobre las cosas que el niño hace bien, en especial respecto a la organización de su habitación, puesto que el comentario negativo se relacionó con eso, pronto el niño pensará que hace más cosas mal que bien. Tal desaliento conduce a más errores y mal comportamiento, que producen más crítica de parte de los padres. Finalmente, el ciclo negativo sale a la superficie en el salón de clase.

Los niños necesitan realmente que los corrijan cuando cometen errores o cuando se comportan mal. La corrección los ayuda a saber qué cosa deben hacer de diferente manera la próxima vez. No obstante, es probable que necesiten escuchar cuatro o cinco veces lo que están haciendo bien, para equilibrar el efecto que nuestra crítica puede tener en su valor y autoestima.

Atacando la personalidad y siendo perfeccionistas

Cuando la crítica está dirigida a la personalidad de un niño y no a su comportamiento, el efecto es dañino y no útil. Cuando calificamos a nuestros hijos como "flojos", "descuidados" o "tontos", estamos atacando su autoestima y valor en su base. Sin mencionar que dichas tácticas por lo general repercuten hacia nosotros. Después de todo, si dice a un niño que es flojo, entonces, ¿qué puede esperar en el futuro, si no es un comportamiento flojo? En cambio, enfoque sus comentarios en el comportamiento del problema. No diga "¿por qué eres tan flojo?", diga en cambio, "No has cumplido con tus obligaciones".

Una forma sutil de atacar la personalidad es el perfeccionismo. Esto es la tendencia a requerir siempre más del niño, de lo que él da. El mensaje de perfeccionismo es que sin importar lo bien que haga las cosas, podría haberlas hecho mejor. Cuando los niños llegan a creer que nunca son bastante buenos, pierden la motivación: "Nunca lo hago lo bastante bien, ¿por qué intentarlo?"

Incluso cuando estos niños parecen continuar intentándolo, nunca se sienten seguros de sus logros. Tal vez obtenga una calificación de A, pero en lugar de disfrutar el logro, siempre se preocupan por el siguiente desafío hacia su perfección. Tal pensamiento de perfeccionismo está vinculado con problemas en la comida y depresión en la adolescencia.

Sobreprotección

Cuando interferimos y hacemos por los niños lo que ellos podrían finalmente hacer por sí solos, enviamos el mensaje "no puedes hacerlo". Aunque los niños deben estar protegidos en asuntos de salud y seguridad, los sobreprotegemos cuando los rescatamos rápidamente de los problemas razonables y de los conflictos que se presentan en su camino. Los niños deben tener libertad para vencer sus frustraciones, solucionar sus propios problemas y aceptar las consecuencias de sus decisiones, si deseamos que desarrollen el vigor necesario para triunfar en la escuela y en la comunidad.

El niño sobreprotegido, con facilidad se rinde cuando las cosas resultan difíciles. Se apresura a gritar "no es justo" ante la más ligera transgresión. Busca a alguien más para solucionar sus problemas y vive con muchos temores irreales que dañan su desarrollo. La creencia implícita es: "El mundo es peligroso y difícil y yo no puedo manejarlo".

¿Cómo puede un padre saber cuando está ofreciendo protección razonable y cuando está sobreprotegiendo? Dos reglas generales pueden ser:

1. **Preguntarse qué es lo peor que podría suceder, si usted no interviene.** Si la respuesta es una amenaza seria al bienestar o la seguridad de su hijo, entonces, interfiera. Por ejemplo, no usar el cinturón de seguridad, un casco para bicicleta o el equipo adecuado para patinar podría dar como resultado una lesión seria. Ir solo al centro comercial podría originar un rapto u otro peligro. Asistir a fiestas sin supervisión podría ocasionar el uso de alcohol y otras drogas o los efectos peligrosos del uso de las drogas, como el crimen y la violencia. Por otra parte, sacar a su hijo del fútbol, porque sufrió una caída fuerte es sobreprotección. Preocuparse demasiado porque su hijo no come verduras, es sobreprotección. Correr a la escuela y exigir una explicación al maestro de su hijo, porque lo reprendió, es sobreprotección.

2. **Nunca haga regularmente por su hijo, lo que él puede hacer por sí solo.** Si su hijo tiene siete años

o más, ¿puede poner el despertador y levantarse por la mañana? ¿Puede poner solo su ropa en el canasto o usted se la recoge? ¿Le pide que ayude a poner la mesa para la cena y que haga otras tareas familiares?

Esté en guardia contra la racionalización "es más fácil hacerlo yo". Puede ser más fácil y rápido de momento, pero piense en el daño que causa a la larga. finalmente, su hijo no podrá hacer mucho por sí solo, incluyendo el trabajo escolar, que presente un desafío.

Cómo convertir el desaliento en estímulo

Demostrar aceptación

Los padres que desarrollan al máximo su potencial sin darse cuenta envían el mensaje de que aceptan a sus hijos *mientras su desempeño sea de acuerdo con las normas de sus padres*. Debido a que todos los niños tienen la necesidad fundamental de pertenecer, de sentirse aceptados y queridos, en especial por sus padres, cualquier sospecha acerca de que la aceptación de mamá o papá es condicional, daña su sentido de seguridad, su autoestima y su valor.

Debemos permitir que nuestros hijos sepan a través de nuestras palabras y acciones, que los amamos y valoramos por ellos mismos, sólo porque son nuestros hijos. Nuestra aceptación es libre e incondicional. Con seguridad, deseamos estimular su éxito y no aceptamos cierto comportamiento como correcto, pero siempre los aceptamos como seres humanos únicos y especiales que son dones en nuestras vidas.

Demuestre confianza

Todos los niños pueden aprender, aunque algunos necesiten más tiempo que otros para dominar un concepto. Su confianza en la habilidad de su hijo para seguir adelante, cuando siente la frustración y la derrota, su confianza en que finalmente triunfará, su confianza en que hará algo útil de su vida, es el estímulo que puede hacer la diferencia entre el éxito y el fracaso.

Para demostrar confianza, en verdad tiene que creer que su hijo es capaz de lograr el éxito. Si no confía en él, entonces, él tendrá que vencer sus dudas y las propias. Ésa es una batalla difícil. Algunos consejos:

1. **Mantenga su confianza en línea con la realidad.** Así como resulta tonto tener confianza en que se ganará la lotería, no debe establecer expectativas falsas demostrando confianza en que su hijo obtendrá calificaciones sólo de A, cuando se ha estado esforzando por pasar.

2. **Demuestre confianza dando responsabilidad.** Permitir que los niños tengan responsabilidades adicionales es una forma excelente para comunicar su confianza. Mantenga el nivel de responsabilidad en línea con su edad y su habilidad para manejarla y luego busque oportunidades para estimular sus esfuerzos.

3. **Pregunte a su hijo su opinión.** Esto comunica que tienen confianza en su habilidad para pensar.

4. **No rescate a su hijo de la frustración.** Cuando a los niños se les dificulta una tarea que nosotros podemos hacer con facilidad, resulta muy tentador intervenir y actuar. En cambio, cuando se frustren, trate de ofrecer ayuda parcial y permitirles tomar parte del crédito. Si cree que pueden terminar solos la tarea, si continúan intentándolo, podría ofrecer estímulo simplemente.

Estimule la independencia

Cuando los niños aprenden a hacer cada vez más por ellos mismos, tienen más seguridad, aceptan nuevos desafíos, aprenden más y continúan triunfando. Al estimular la independencia de nuestros hijos, podemos ayudarlos a madurar y a llegar a ser adultos responsables.

Más consejos para estimular

Al buscar formas para estimular a cada uno de sus hijos, tenga en mente que lo que a un niño le resulta alentador, a otro puede parecerle desalentador. Observe a qué palabras o acciones responden mejor cada uno de sus hijos. Asegúrese de:

✤ **Dar el estímulo de inmediato.** Mientras más pronto siga su estímulo la actitud o comportamiento que aprueba, más poderoso será.

✤ **Hacer el estímulo genuino.** Si dice a su hijo que está actuando bien, cuando él sabe que no es así, su credibilidad no vale mucho. El estímulo futuro puede resultar dudoso, incluso cuando sea sincero.

✤ **Lograr que el estímulo sea específico. El estímulo positivo y específico** indica a sus hijos qué seguir haciendo en el futuro. Esto promueve la motivación y la mejoría: "Me gusta la manera como utilizaste el color gris en el cielo. Hace que el castillo parezca más lóbrego".

DISCIPLINA

La palabra disciplina viene del vocablo latino *disciplina*, que significa instrucción. Su hijo necesita instrucción respecto al comportamiento cooperativo, de la misma manera que necesita instrucción en la lectura, la escritura y la aritmética. Debido a que a través de los años hemos descubierto que la enseñanza de dichas materias requiere enfoques más atentos que un golpe con una regla, hemos descubierto también que la cooperación requiere de una disciplina más cuidadosa que las nalgadas u otras formas de castigo. Al proporcionar estímulo a su hijo, generalmente disminuye la cantidad de disciplina que él necesita. Sin embargo, recuerde que los niños están aprendiendo y que todavía se requiere de cierta disciplina. Por este motivo, los padres que son demasiado tolerantes con sus hijos a menudo se sienten frustrados por el comportamiento no cooperativo, no motivado y sin respeto.

Al meditar sobre los métodos de disciplina, recuerde que su objetivo es instruir a su hijo, no lastimarlo. Es un pensamiento de la Edad Media el que dice que debemos lastimar a los niños para enseñarlos. Cuando recurrimos a los insultos, los gritos y a otros intentos para herir al niño física o emocionalmente, es probable que el niño tome esto como ataques personales y se rebele. El padre más decidido a terminar con la rebelión es frecuentemente el que termina atrapado en luchas de poder.

El objetivo de la disciplina es influenciar a nuestros hijos para que elijan actitudes y comportamiento positivos, haciendo que valga menos la pena elegir los negativos. La clave es empezar suavemente y ser progresivamente más firme, según sea necesario, para lograr este objetivo. Aunque está fuera del enfoque de este libro cubrir todas las técnicas modernas de disciplina, las que presentaremos han demostrado ser particularmente poderosas. Tres niveles básicos de disciplina cubrirán casi todos los problemas:

◗ Peticiones y recordatorios corteses
◗ Indicaciones firmes
◗ Consecuencias naturales y lógicas

Peticiones y recordatorios corteses

El mal comportamiento de los niños es a menudo un producto de la ignorancia. Simplemente, no saben con exactitud lo que se espera de ellos en una situación dada. Cuando somos demasiado duros con ellos, pueden sorprenderse inicialmente y después mostrarse resentidos. Sin importar si cambiaron o no su comportamiento, dañamos la relación. Debido a que es necesaria una relación positiva para influenciar a nuestros hijos (sin mencionar que es necesaria para nuestra propia satisfacción como padres), deseamos utilizar la menor fuerza necesaria para lograr el cambio. Frecuentemente, una petición o un recordatorio cortés es todo lo necesario.

Ejemplos:

'Jack, noté que olvidaste llevar tus libros a tu habitación".

"Sandra, ¿me ayudarías llevando tus platos sucios al fregadero, cuando termines tu refrigerio?"

"Carl, son las 5:00. Es hora de empezar tu tarea".

Indicaciones firmes

La mayoría de nosotros ha aprendido que una petición cortés de parte de una figura de autoridad es equivalente a una orden. Sólo produce una mejor sensación que nos lo pidan a que nos lo ordenen. sin embargo, si su hijo no responde a una llamada de atención suave, aumente el poder diciéndole qué hacer, mientras emplea un tono de voz más firme. Haga esto antes de enfadarse, ya que la ira a menudo produce un tono de voz áspero y agresivo, que tienta a algunos niños a rebelarse. Permanezca calmado y firme.

Ejemplos:

'Jack, por favor lleva en este momento tus libros a tu habitación".

"Sandra, ya te dije que llevaras tus platos al fregadero. Por favor, deja lo que estás haciendo ahora y obedece de inmediato".

"Carl, apaga el juego de video. Podrás jugarlo después de haber terminado tu tarea".

Si su hijo no obedece de inmediato, puede aumentar la demanda siendo más firme y breve en su comunicación.

Ejemplos:
  "¡Jack, ahora!"
  "¡Sandra, ve!"
  "¡Carl, la tarea!"

Si su hijo ignora aún sus peticiones o si usted no se siente cómodo con una orden más firme, pase al tercer nivel de disciplina, con consecuencias naturales y lógicas.

Consecuencias naturales y lógicas

Los niños aprenden la responsabilidad viendo cómo la manera en que eligen comportarse origina ciertos resultados o consecuencias. Puede utilizar esta idea de consecuencias para las acciones como una herramienta de disciplina. Sin embargo, para que resulte efectivo, los niños deben considerar las consecuencias como la extensión lógica de sus elecciones y no como castigos arbitrarios impuestos por los padres o los maestros. Estudiemos los dos tipos de consecuencias y cómo enseñan.

Consecuencias naturales
Naturalmente, éstas son el resultado del comportamiento de un niño, sin la intervención de un padre o

maestro. Podríamos decir que la Madre Naturaleza proporciona este tipo de consecuencias.

Ejemplos:

La consecuencia natural de dejar una chamarra en la casa de un amigo es no tener dicha chamarra para usarla la próxima vez que el niño la necesite.

Las consecuencias naturales funcionan bien, porque permiten que el padre sea una tercera parte compasible y no disciplinaria. No obstante, hay situaciones en las que usted no desea permitir que las consecuencias naturales se encarguen de la enseñanza:

1. **Cuando las consecuencias naturales son demasiado peligrosas.** Por ejemplo, la consecuencia natural de jugar con fuego podría ser incendiar la casa o algo peor.
2. **Cuando las consecuencias naturales están demasiado lejanas en el futuro y el niño no comprende el vínculo.** Por ejemplo, la consecuencia natural de no cumplir con el trabajo escolar podría ser opciones limitadas de empleo y en la escuela superior.
3. **Cuando las consecuencias naturales del comportamiento del niño afectan a alguien más aparte del niño.** Por ejemplo, el niño le pide prestado el martillo y lo pierde.

En éstas y en otras situaciones, los padres pueden intervenir y hacer uso de las consecuencias *lógicas*.

Consecuencias lógicas

Las consecuencias lógicas son resultados que el padre u otra figura de autoridad proporcionan para enseñar a los niños lo que sigue lógicamente cuando violan las reglas familiares o las necesidades de la situación.

> *Ejemplo:*
> *Una consecuencia lógica por no haber terminado la tarea podría ser utilizar el tiempo libre del sábado para terminar dicha tarea.*

Una consecuencia lógica efectiva será una que a su hijo le interese y que encaje lógicamente con el mal comportamiento que usted trata de cambiar. Ésta es la diferencia principal entre las consecuencias lógicas y el castigo: el castigo es una reacción arbitraria ante un mal comportamiento que no está vinculada directamente con el mal comportamiento en sí. Quitar privilegios de la televisión, porque un niño no se lavó los dientes es un castigo. ¿Cuál es el vínculo o la lógica entre no lavarse los dientes y la televisión? Ninguno. Por otra parte, las consecuencias lógicas proporcionan este vínculo. Utilice las siguientes guías para crear su consecuencia lógica:

1. Dé al niño una alternativa.
2. Pida al niño que ayude a establecer las consecuencias.

3. Asegúrese de que las consecuencias sean realmente lógicas.
4. Sólo proporcione alternativas aceptables para usted.
5. Mantenga su tono de voz firme y calmado.
6. Dé la alternativa una vez y después actúe.
7. Espere que el niño lo pruebe.
8. Permita al niño intentarlo de nuevo.

Causas del mal comportamiento en el salón de clases

Si está proporcionando las clases de estímulo y disciplina que inspiran el comportamiento positivo y aún recibe reportes de problemas en la escuela, quizá necesita buscar otras causas de mal comportamiento. La lista siguiente de causas posibles puede ayudarlo a encontrar la dificultad.

✦ **Nutrición inadecuada** causa baja energía o falta de atención o participación.
✦ **Problemas físicos, como visión u oído malos.**
✦ **Un problema de aprendizaje específico.**
✦ **Problemas familiares, como padres divorciados.**
✦ **Dificultad para dominar el material que se enseña.**
✦ **Enfrentamientos repetidos con un maestro.**
✦ **Problemas con otros estudiantes, como intimidación o presión de los compañeros.**
✦ **Actitud pobre hacia la escuela o el maestro.**

CAPÍTULO 5

Actitudes que producen el éxito

"Soy capaz de aprender"

Los niños que tienen dificultad para tener éxito en la escuela a menudo desarrollan una convicción de que no pueden aprender, sin importar lo mucho que lo intenten. "No lo logro", se convierte en su lema de derrota, cuando ellos, sus maestros y, frecuentemente, sus padres se dan por vencidos en forma gradual.

Los padres y los maestros sabios saben que estos niños *pueden* aprender y que todos los niños tienen un deseo innato y una capacidad para aprender. Cuando los padres envían este mensaje con palabras de estímulo y con acciones (como separar las tareas en partes pequeñas y manejables para el niño), el éxito del niño lo anima a dar el siguiente paso. Cuando los padres y los maestros se niegan a aceptar "No puedo" y ayudan a los estudiantes a cambiar esas palabras por:

"esto es difícil, pero puedo hacerlo, si lo intento", los niños empiezan a creer que pueden aprender.

"Aprender es importante para mí".

Un niño que comprende el valor de aprender es más probable que estudie, termine la tarea y participe plenamente en la escuela, que un niño que cree que todo es pérdida de tiempo. ¿Por qué aprender debe ser importante para un niño, cuando muchas otras actividades producen placer más inmediato? Aunque los adultos comprenden que aprender crea empleo y oportunidades de carrera, los niños no son capaces de vincular en este momento en trabajo con resultados muy lejanos en el futuro. Para que un niño comprenda que aprender es importante, debe ser capaz de ver ganancias inmediatas. ¿Cómo podemos influenciar a los niños para que crean que aprender es importante?

"Aprender es divertido".

Todos nacemos deseando saber. Ayude a estimular la curiosidad natural en su hijo enfocando el proceso disfrutable de aprender, en lugar del resultado final de las calificaciones.

> *Ejemplo:*
> *"Me siento feliz al ver que disfrutas tanto acampar, Emily. En verdad has aprendido mucho respecto a marcar los senderos".*

No pierda las muchas oportunidades para maravillarse ante el dominio de su hijo de los conceptos y actividades. Irónicamente, este enfoque en el trabajo escolar ayudará también a los niños a obtener mejores calificaciones y a lograr un mayor éxito. Cuando el aprendizaje ya no se vincula con una recompensa tangible, los niños que disfrutan aprender continuarán esforzándose, incluso cuando los resultados tarden en llegar.

"Aprender es poder".

Cuando su hijo haya dominado un concepto o tarea, sentirá una sensación de poder que se traduce en una autoestima mayor. Este sentimiento positivo aumenta con el estímulo y el elogio de las personas que él valora. El niño de cuatro años de edad que aprende a amarrar sus zapatos está orgulloso de ese nuevo poder que tiene sobre su medio ambiente: "¡Eso es fabuloso! ¡Mira lo que puedes hacer!" A medida que su hijo crece, continúe mostrándose sorprendido e impresionado con su aprendizaje. Su interés y su entusiasmo lo ayudarán a desear aprender más.

"Aprender es importante en mi familia".

Haga del aprendizaje una prioridad en su familia. Muestre un interés genuino en lo que su hijo está aprendiendo. Hagan paseos familiares que hagan que el aprendizaje resulte divertido, como visitas a museos, zoológicos, bibliotecas y parques.

Nota: Si tiene un niño a quien la gente siempre le dice que es "muy bonito" o "muy lindo", asegúrese de añadir un cumplido propio respecto a su habilidad de aprendizaje.

"Aprendo de mis errores".

Al ayudar a su hijo a temer menos a sus errores le dará permiso para cometerlos. Si usted o su hijo tienden a ser perfeccionistas, esta actitud es especialmente importante. La creencia de que cualquier error es malo disminuye el valor para intentar y conduce a la frustración y a la hostilidad. Para quienes desarrollan al máximo su potencial, es mejor cambiar su objetivo del irreal de la perfección, al del dominio. Para llegar allí, haga un ejercicio de aprendizaje identificando los errores.

> *Ejemplo:*
> *"Revisemos este problema que tu maestro marcó como equivocado en tu prueba de matemáticas y veamos si podemos descubrir por qué diste esa respuesta".*

Adoptar un tono natural puede ayudar a convencer a su hijo de que usted considera esto como un proceso interesante, en lugar de una oportunidad para culparlo.

Por otra parte, si su hijo parece indiferente ante sus errores, indíquele dónde se equivocó. Permítale que sepa que al corregir el error, aprenderá cómo actuar de diferente manera la próxima vez. Ayúdelo a comprender que la concentración puede eliminar muchos errores por descuido.

Ejemplo:

"Lee de nuevo ese párrafo, lentamente, y dime si crees que tiene sentido".

"Soy una persona que siempre obtiene buenos resultados".

Los niños que consideran que siempre obtienen resultados excelentes, por lo general logran más que aquéllos que se consideran fracasados o con suerte. Se fijan objetivos y trabajan para lograrlos. Tienden a planear mejor, a programar su tiempo y a continuar con el estudio y las tareas. Puede ayudar a proporcionar esta motivación de logro al enseñar a su hijo a fijar objetivos, para después trabajar con él para determinar los muchos pasos pequeños necesarios para lograr cada objetivo.

Ejemplo:

"Sé que esto parece como un gran reporte, pero tienes dos semanas para hacerlo. Vamos a dividirlo en pasos pequeños y a hacer uno a la vez".

Estimule el esfuerzo constantemente y celebren juntos cada paso terminado.

Una advertencia: Algunas personas desarrollan demasiado gusto por el logro y descubren que nun-

ca quedan bastante satisfechas. Sacrifican la ale-
gría de aprender por el logro a toda costa. Si esta
descripción encaja con usted o con su hijo, pruebe
algunas veces cambiando el enfoque del resultado
final al proceso.

Ejemplo:
*"El guisado no estuvo tan delicioso como creí que
estaría, pero me da gusto haber probado esa nueva receta".*

"Soluciono los problemas".

El estudiante exitoso, al igual que el adulto exitoso, no
es aquel cuya vida está libre de problemas, sino el que
ha aprendido que puede solucionar efectivamente sus
problemas. Esta creencia lo ayuda a aceptar nuevos
desafíos con seguridad, sabiendo que encontrará soluciones cuando se presenten los problemas.

Para ayudar, los padres pueden evitar la tenta-
ción de intervenir y hacerse cargo, cuando sus hijos
se estancan. Utilice su habilidad para estimular para
mostrar confianza en la habilidad de su hijo y encontrar una solución, ofreciendo la menor guía necesaria para ayudar. "¿Quieres un consejo?" es una
manera mucho mejor para ayudar que "Permite que
te muestre...." Con frecuencia, el sólo hecho de permitir a su hijo trabajar solo en el problema durante
un tiempo es su mejor ayuda.

Cuando su familia enfrente problemas, puede modelar la habilidad para solucionar los problemas

buscando juntos soluciones: "¿Quién tiene una idea que pudiera dar resultado?"

"Deseo cooperar con los demás".

El mundo está lleno de personas adultas que no tuvieron problema para aprender en la escuela (al menos, al aprender las materias académicas), pero que no tuvieron éxito en la escuela y en la vida, porque nunca aprendieron a llevarse bien con los demás. La habilidad para trabajar cooperativamente con los compañeros y con las personas que representan la autoridad es un elemento esencial del éxito.

Creer en el valor de la cooperación ayudará a su hijo a hacer los compromisos necesarios para llevarse bien con los demás. Turnarse, compartir y escuchar las opiniones de los demás no resulta fácil para los niños. Estas acciones deben aprenderse una y otra vez. Puede ayudar buscando oportunidades para indicar por qué es importante la cooperación.

El jugar juntos ofrece muchas oportunidades para que usted hable sobre el comportamiento cooperativo y muestre su aprecio por las ocasiones en que su hijo presenta este comportamiento.

Hable con su hijo sobre las necesidades de otras personas y sobre las diferencias entre las personas de diferentes culturas, edades y personalidades. Felicítelo cuando ayude a los demás o cuando muestre respeto por sus diferencias.

"Jugaré de acuerdo con las reglas".

Si un atleta jugara fuera de las reglas tendría poca oportunidad de triunfar en un evento deportivo. De la misma manera, un niño no puede triunfar en la escuela, si constantemente viola las reglas. Los estudiantes exitosos reconocen este hecho y toman la decisión de seguir el reglamento de la escuela.

Puede ayudar a su hijo a desarrollar esta creencia comprendiendo y apoyando el reglamento de la escuela. Hable con su hijo sobre el plan de disciplina del maestro o de la escuela y sobre la importancia de actuar dentro de estas reglas. Podría utilizar la analogía de los deportes para ayudar a su hijo a apreciar que tan ridículos resultarían los eventos organizados, si todos dictaran sus propias reglas.

"Mi maestro es la autoridad en este salón de clases".

Los días cuando un maestro exigía respeto incuestionable de sus alumnos (generalmente al ritmo de una vara) quedaron atrás. La mayoría de los educadores actuales comprenden que el respeto debe ser mutuo entre el maestro y el estudiante y que los niños tienen derecho de ser tratados con dignidad y respeto en la escuela.

Por desgracia, el péndulo del cambio se ha movido demasiado lejos en la otra dirección para muchos estudiantes y la falta de respeto hacia el maestro prevalece en muchos salones de clase modernos. Cuando esto sucede, es el estudiante y sus padres quienes sufren más. Cuando un estudiante no tiene respeto por la habilidad de su maestro, es más probable que no preste atención, que sea improductivo, que no esté motivado y que cause problemas. Bajo estas condiciones, ¿acaso es una sorpresa que se le dificulte traducir sus habilidades e inteligencia en éxito en la escuela?

Los niños perceptivos son buenos frecuentemente al detectar las fallas de un maestro. Otros niños pueden decidir que el maestro no está calificado. Los padres pueden ayudar a estos niños enfocando lo que ese maestro tiene para ofrecer, en lugar de enfocar lo que le falta.

Ejemplo:

"Lamento que no consideres que las explicaciones del señor Henderson sean muy interesantes. Yo me impresioné durante la clase abierta con todos esos proyectos de ciencias interesantes que planeó para este año. Quizá podrías concentrarte en tomar buenos apuntes en sus clases, esto podría hacerlas más interesantes".

Es muy importante para los padres no hablar mal del maestro de un niño. Una palabra negativa de un padre puede dar a un niño la impresión de que no tiene que respetar a su maestro. Imagine lo enfadado que estaría usted, si un maestro dijera a su hijo que usted no es muy buen padre. Si tiene preocupaciones serias sobre las habilidades de un maestro, haga una cita para hablar con el maestro. Si esto falla, hable con el director. *Sin embargo, no se una en una conspiración con su hijo.* Esto sólo hará que resulte más difícil para su hijo tratar a su maestro con el respeto que merecen todos los profesores.

"Mis elecciones importan".

Sus hijos necesitan creer que sus elecciones importan, porque conducen a consecuencias que los afectan y que también afectan a otras personas. El estudiante que elige jugar dentro de las reglas en la escuela, que cumple con sus tareas, que estudia mucho y que coopera con los compañeros y los maestros tendrá mejor resultados que si elige lo contrario. Responsabilidad significa aceptar que lo que nos sucede es el resultado de lo que elegimos. Puede ayudar a su hijo a aprender sobre la responsabilidad buscando oportunidades para dar alternativas y después permitiéndole que experimente las consecuencias de esas decisiones.

> *Ejemplo:*
> *"¿Me ayudas a planear el menú para esta semana? Recuerda que no te sentiste muy bien después de comer mucho queso ayer. ¿Qué crees que podríamos substituir?"*

"Soy responsable de mi éxito".

Los niños que creen que son responsables de su propio éxito tienen lo que se llama un locus interno de control. Se consideran en control de su destino y capaces de cambiar los eventos, cuando no dan buenos resultados. Los niños con un locus externo de control consideran a los demás a cargo de sus vidas. Con frecuencia tienen muy poca esperanza de mejorar sus situaciones. La investigación muestra que los niños con un locus interno de control son más efectivos en la escuela y en todas partes, que aquéllos que culpan a los demás y se excusan por sus resultados. Muchas personas han superado un hogar pobre y situaciones en la escuela porque aceptaron la responsabilidad y la oportunidad de modelar su propio destino.

Para ayudar a su hijo a que crea que es el amo de su destino, evite hacerse cargo de sus responsabilidades. Esto significa limitar su intervención en un papel de apoyo y no sobreprotegerlo o hacer usted su trabajo.

Dele todo el crédito por sus éxitos y haga que sea responsable de sus errores.

> *Ejemplo:*
> *"Sé que no consideras que el examen fue justo pero, ¿qué puedes aprender de la situación que pudiera ayudarte a prepararte mejor para el siguiente examen?"*

"Cumplo con mis compromisos".

El cumplir con los acuerdos es un ingrediente importante para vivir exitosamente. Primero, nuestra credibilidad depende de esto. Segundo, el esfuerzo que gastamos para cumplir nuestros compromisos regresa a nosotros en forma de una autoestima grande. Los niños se sienten bien consigo mismos cuando cumplen con su trabajo y lo hacen bien. Su satisfacción y su sentido de poder desarrolla una base fuerte para el logro futuro.

Puede ayudar indicando los compromisos de su hijo, cuando parezca olvidarlos. Al niño, que deja la tarea de fin de semana hasta el domingo por la noche y después desea mirar un programa en la televisión, puede recordarle que la tarea de la escuela es su primera obligación. Al niño que se inscribió en un equipo de fútbol y que desea faltar a un juego, porque lo invitaron a la casa de un amigo, puede recordarle su responsabilidad con el equipo. El estímulo de los padres es generalmente suficiente para ayudar a estos niños a poner en orden sus prioridades y hacer lo correcto. Si esto falla, quizá necesita utilizar las consecuencias lógicas y otras formas respetuosas de disciplina.

"Mis temores no me detendrán".

Debido a que el aprendizaje está tan lleno de errores y retrocesos, la habilidad de su hijo para tener éxito en la escuela requiere del valor para arriesgarse al fracaso con regularidad, para lograr el éxito. Puede ayudar estimulando a su hijo cuando tema un nuevo desafío. Tal vez esté petrificado al tener que entregar el reporte sobre un libro frente a toda la clase.

Podría estimularlo pidiéndole que practique frente a usted, mientras usted sonríe, asiente y ofrece elogio específico en las secciones que le agraden. Su hijo quizá desee un papel en la obra de la escuela, pero teme que no lo elijan. Ayúdelo a comprender que el tener el valor para intentarlo le da al menos una oportunidad de conseguir el papel, una oportunidad que no tendría, si cediera ante sus temores y evitara el desafío.

"Cuando el trabajo es difícil no lo dejo".

Hablamos sobre el valor como un deseo para vencer el temor y arriesgarse al fracaso. Tal vez es igualmente importante para el éxito en la escuela el valor para tolerar la frustración. En realidad, los dos están muy relacionados. Cuando un niño se frustra con una tarea, es probable que enfrente temporalmente una serie de pequeños fracasos. "Intenté esto y no resultó. Entonces, intenté aquello y tampoco dio resultado. Luego, intenté esto y fallé de nuevo". Cuando aprender no resulta fácil, algunos niños se frustran pronto, se enfadan y, finalmente, se dan por vencidos.

Thomas Edison probó más de 2,000 filamentos para el foco eléctrico, antes de hayar uno que funcionara. Los empresarios más exitosos reportan que no llegaron a donde están siendo las personas más inteligentes o más creativas, sino al persistir cuando otros habían perdido el interés y se dieron por vencidos.

Nota: en ocasiones, la frustración significa que un niño realmente necesita ayuda adicional con sus materias académicas. Si sospecha que su hijo necesita ayuda externa con la tarea de la escuela, consulte al maestro para saber si puede proporcionar ayuda o alguna asistencia especial.

Hojas de actividades de la sesión 2

Cómo desarrollar fortalezas

La clave del estímulo es aprender a reconocer sus propias fortalezas y las de los demás. Para ayudarlo a reconocer algunas de estas fortalezas en usted mismo, en su hijo y en su pareja (elija a un amigo si es soltero), llene los espacios siguientes.

Una cosa que hago bien _____

Una cosa que mi hijo hace bien _____

Una cosa que mi pareja hace bien _____

Una cosa que le agrada a la gente de mí _____

Una cosa que le agrada a la gente de mi hijo _____

Una cosa que le agrada a la gente de mi pareja _____

Una cosa que estoy aprendiendo a hacer _____

Una cosa que está aprendiendo a hacer mi hijo _____

Una cosa que está aprendiendo a hacer mi pareja _____

Una forma en que contribuyo con mi familia _____

Una forma en que mi hijo contribuye con nuestra familia

_____

Una forma en que mi pareja contribuye con nuestra familia _____

Una cualidad que me gusta en mí _____

Una cualidad que me gusta en mi hijo _____

Una cualidad que me gusta en mi pareja _____

Hoja guía de consecuencias lógicas

Piense en un problema que tenga con uno de sus hijos, un problema que no ha mejorado con peticiones corteses o indicaciones firmes.

¿Cuál es el problema? _____

¿Qué le gustaría que hiciera su hijo? _____

_____

Anote dos o tres consecuencias lógicas que pudieran ser efectivas para influenciarlo a cambiar su comportamiento:

Por ejemplo: **O** conduces tu bicicleta en el sendero **o** entras a jugar en la casa.

Por ejemplo: **Cuando** hayas terminado tu tarea, **entonces,** podrás jugar con la computadora.

O _____ o _____

O _____ o _____

Cuando _____ entonces _____

Cuando _____ entonces _____

Elija la consecuencia lógica que considere dará mejor resultado; reúnase con su hijo para discutir el problema. Si él no puede obtener una consecuencia lógica que le agrade a usted, use una que haya desarrollado.

Asegúrese de estimular el esfuerzo positivo de su hijo.

Cómo reforzar las habilidades academicas de su hijo

CAPÍTULO 6

El padre como profesor

Imagine que su hijo asiste a una entrevista de trabajo dentro de 15 ó 20 años. ¿Qué habilidades serán importantes para que triunfe en ese mundo nuevo? Aunque no podemos predecir el futuro, es muy probable que muchos empleos y las habilidades requeridas para éstos serán diferentes que en la actualidad. Uno de los motivos es la tecnología de la computadora. Los educadores enfrentan actualmente el desafío de las máquinas que pueden almacenar y "recordar" al instante gran parte del aprendizaje que tradicionalmente ocupaba el tiempo de los niños en la escuela (ecuaciones matemáticas, fechas, información científica, ortografía y reglas gramaticales, por nombrar algunos). ¡En realidad, empieza a parecer como si uno de nuestros mayores desafíos como padres y maestros fuera equipar a nuestros hijos para que permanezcan más inteligentes que las máquinas!

Entonces, ¿de qué se trata el aprendizaje? ¿Los niños deben dedicar todo su tiempo a cosas tales como divisiones grandes y reglas de ortografía? ¿Por qué las escuelas deben cambiar todo el curriculum por algo nuevo? Como es costumbre, la respuesta más sensata yace en algún sitio intermedio. Los niños necesitan dominar las habilidades básicas de la lectura, la escritura y las matemáticas. De otra manera, carecerán de las bases para comunicarse con otras personas o con la computadora, así como de la habilidad para razonar sobre ideas importantes y situaciones prácticas. Pueden necesitar cierta práctica para memorizar material interesante o básico (como la buena poesía o las tablas de multiplicar) y se beneficiarán dominando los sistemas de reglas de ortografía, gramática y ciencias.

Sin embargo, la investigación nos indica con claridad que el aprendizaje a "nivel memoria" (memorizar, presentar el examen y olvidar) no estimula el desarrollo de la inteligencia como lo hace el aprendizaje "conceptual" (comprender, ver las relaciones con otro aprendizaje, desarrollar una base de significado). Más aún, el cerebro humano es capaz de habilidades mucho más avanzadas que la computadora más compleja. Los futuros jefes quizá no pidan a un posible empleado que recite los nombres de los reyes de Inglaterra, sino que estarán mucho más interesados en un conjunto diferente de habilidades:

✦ Ser una persona motivada y emprendedora.

✦ Solucionar nuevos tipos de problemas.

✦ Tener ideas originales.

✦ Comunicarse efectivamente, oralmente o por escrito.

✦ Trabajar bien en grupos.

✦ Analizar, organizar y dar prioridad a la información.

✦ Leer, pensar críticamente y sacar conclusiones de un conjunto dado de hechos y opiniones.

✦ "Reorganizar" y aprender nuevas formas de aprendizaje.

Las materias académicas tradicionales pueden proporcionar una base para estas habilidades y para el desarrollo de la inteligencia adulta, si *en lugar de sólo usarse para memorizar el curso se enseñan para hacer pensar y motivar la curiosidad respecto a ideas interesantes.*

Consejos para un asesoramiento positivo

1. Esté disponible.
2. Ofrezca apoyo y no crítica.
3. Enfóquese en el esfuerzo y en la mejoría, en lugar de en las calificaciones.
4. Recuerde que no tiene que ser un experto.No tema decir no lo sé.
5. No espere perfección.
6. Deje al niño la meditación.
7. ¡Disfrutelo!

Nota:

Muchos maestros dejan tareas para saber qué entiende el niño, no para recibir una tarea perfecta. He trabajado con varios niños que terminaron teniendo dificultades académicas serias, porque nunca recibieron la ayuda que necesitaban en la escuela. Como su trabajo siempre estuvo bien hecho (por los padres), los maestros nunca se dieron cuenta de la profundidad de sus problemas. Una de las cosas más importantes que puede dar a sus hijos es la habilidad para responsabilizarse de su propio pensamiento y comportamiento. Los hogares para buenos aprendices enfatizan la solución de problemas en forma independiente desde el principio.

¡Aprender es divertido, interesante y vale la pena el esfuerzo necesario!

El trayecto del aprendizaje: Cómo asesorar, desde el jardín de niños, hasta la escuela secundaria

La intervención de los padres en el proceso de aprendizaje cambia a medida que los niños crecen. Un observador sabio comentó en una ocasión que el propósito de la paternidad debería ser la "acción planeada de caer en desuso", esto es, gradualmente responsabilizarnos menos de nuestros hijos, a medida que los estimulamos para que satisfagan sus propias vidas y personalidades. Si los ayudamos a poner las bases correctas, podemos con seguridad enviarlos para que enfrenten los nuevos desafíos del nuevo siglo.

El niño pequeño

Los padres de niños hasta de siete años tienen la mayor responsabilidad ¡y quizá también la mayor diversión! Su principal preocupación en relación con el aprendizaje debe ser desarrollar una base amplia y rica de experiencia, lenguaje y habilidades para solucionar problemas para un mejor aprendizaje. No es la tarea de los padres adiestrar a los niños en el alfabeto o en los hechos matemáticos, sino desarrollar las estructuras mentales que les permitirán comprender estas formas simbólicas de aprendizaje cuando llegue el momento indicado. ¿Cómo desarrollamos estas estructuras mentales? Proporcionando una experiencia variada, con muchos proyectos y actividades interesantes, incitantes y desafiantes para atraer la curiosidad del niño. La experiencia en la infancia temprana debe dejar a los niños con las actitudes que necesitarán para el éxito en la escuela:

✦ Me gusta aprender.

✦ Soy bueno al hacer cosas nuevas.

✦ Si algo parece difícil al principio, puedo lograrlo intentándolo.

✦ Las personas adultas me ayudarán, si lo necesito, pero no intervendrán cuando esté intentado aprender algo por mi cuenta.

✦ Es divertido jugar con otros niños. Sé cómo cooperar con ellos.

✦ No siempre puedo hacer mi voluntad. En ocasiones, debo escuchar a las personas adultas y hacer lo que dicen.

✦ Me gusta ser útil.

Los padres que ayudan a los niños pequeños a interiorizar estos sentimientos tendrán un trabajo mucho más fácil cuando llegue el momento de reforzar el aprendizaje de la escuela.

El niño de primaria

A medida que los niños estudian en los diferentes grados de la escuela elemental, los papeles de sus padres deben ser principalmente los de asesor, estimulador y asistente de planeación. Las guías en este capítulo deben ayudarlo a ser un asesor efectivo, pero también es importante no descuidar la sección de estímulo que dice a su hijo, "Creemos en ti y estamos aquí para ayudarte, cuando nos necesites". Durante este periodo, casi todos los niños necesitan también un poco de ayuda con la logística de la vida cotidiana en la escuela: organizar el material escolar, planear las tareas a largo plazo, arreglar el transporte a bibliotecas y fuentes de consulta. En forma gradual, a medida que el niño obtiene madurez y experiencia, puede responsabilizarse cada vez más.

El adolescente

Si se han establecido buenas bases, los padres de los adolescentes pueden retirar un poco su apoyo. Los adolescentes, en especial los estudiantes de la educación media, necesitan todavía bastante estímulo y comprender que la ayuda está disponible, si la necesitan, pero se sienten naturalmente impulsados a intentarlo por sí solos siempre que sea posible. Los padres de los estudiantes adolescentes no tienen que organizar las tareas de sus hijos ni ser "profesores" en casa. Si su hijo está abrumado y tiene dificultades, consulte de inmediato con la escuela respecto a obtener ayuda.

Los padres de adolescentes pueden ayudar manteniéndose al tanto de los temas cubiertos en la escuela. Por ejemplo, quizá si su hijo desee discutir algunos temas que está estudiando en un curso de ciencias sociales o temas de un libro que está leyendo en la clase de literatura. Disfrutará la charla más, si usted está enterado de lo que ha estado estudiando. Más importante aún, puede necesitar una caja de resonancia para las nuevas ideas confusas para su cerebro adolescente en desarrollo. Si su hijo se siente cómodo al pedir ayuda, es correcto ofrecer asistencia práctica en áreas tales como tareas de lectura, memorización de preguntas o desarrollo de ideas para proyectos.

Si sigue estas guías generales, establecerá un ambiente en el que podrá ser un asesor efectivo, mientras respeta las necesidades de cambio de su hijo. En los dos capítulos siguientes, estudiaremos su papel para reforzar las formas específicas de aprendizaje: lectura, escritura, ortografía, matemáticas y ciencias.

CAPÍTULO 7

Cómo entrenar a su hijo en la lectura

¿QUÉ ES LA BUENA LECTURA?

Casi todos los padres comprenden que la lectura es una habilidad académica fundamental, pero no todos están conscientes de qué es exactamente la "buena lectura". A muchos de nosotros nos enseñaron que la lectura es principalmente pronunciar las palabras y que la forma de convertir a un niño en un buen lector es enfatizando la "fonética". Por supuesto, los patrones de sonido y las secuencias de dichos sonidos en las palabras son importantes para el éxito en la lectura, pero ahora sabemos que las habilidades del lenguaje y del pensamiento son igualmente importantes. los niños que aprenden a pronunciar las palabras sin comprender lo que significan, terminan con problemas en la lectura de comprensión, que pueden restringir su progreso en la escuela. La buena comprensión de la lectura empieza con:

★ la habilidad de comprender el lenguaje hablado;
★ la habilidad de recordar y de meditar las ideas;
★ la comprensión de que la tarea del lector es captar el mensaje del escritor;
★ un esfuerzo mental activo para comprender lo que se lee;
★ la habilidad para hacer vínculos entre las ideas nuevas y el aprendizaje previo;
★ el material de lectura interesante;
★ la curiosidad.

Muchas escuelas dan más énfasis actualmente a los libros "reales" (buenas novelas, libros que no son de ficción), que a los libros de texto de lectura ("básicos") y estimulan a los estudiantes para que lean para encontrar información y placer, así como para instruirse. Sin importar cómo enfoque la lectura la escuela de su hijo, usted puede ayudar enfatizando el significado de lo que se lee y ayudando a su hijo a comprender la historia y las ideas presentadas. Aunque algunos objetos, como las tarjetas de ayuda pedagógica, pueden ser de utilidad para aprender la precisión de las palabras, es importante concentrarse en las palabras en frases significativas, siempre que sea posible.

No trate de obligar ("enseñar") a su hijo a leer antes de que esté listo. Cuando empiece a hacer pre-

guntas sobre las palabras ("¿Cómo se escribe 'le-
che'?" "¿Qué significa esa palabra?"), responda, pero
no dé una explicación amplia. No deseará crear un
problema de lectura. En cambio, siga estas indicaciones para establecer una base sólida. ¡Esto es más
importante que aprender el abecedario!

Cómo desarrollar una buena base para la lectura

1. Lea en voz alta a sus hijos o escuchen juntos cintas grabadas de libros buenos.

Trate de establecer una hora habitual para leer en voz alta. Si no se siente seguro de su habilidad para leer, quizá necesite que una buena cinta haga el trabajo. Trate de conseguir cintas con libros asociados, para que usted y su hijo puedan escuchar y seguir la lectura al mismo tiempo. Muchas bibliotecas de las escuelas tienen estas cintas y libros coordinados. Discuta lo que se lee: **prediga** ("¿Qué sucederá después?"); **estimule el análisis** ("¿Por qué crees que tomó esa decisión? ¿Fue una buena decisión?"; **refuerce la memoria** ("Vamos a recordar el orden de los eventos que sucedieron en el capítulo que leímos ayer"). La cantidad de tiempo que dedique su hijo a escuchar a alguien leer en voz alta será la mejor forma de predecir las calificaciones en lectura. No deje de leer en voz alta cuando el niño aprenda a leer: los niños que estudian la educación primaria todavía necesitan esta experiencia importante.

2. Estimule el desarrollo del lenguaje hablando y escuchándose mutuamente.

La televisión no se encarga de esta tarea, ya que el lenguaje es frecuentemente demasiado "torpe"; más aún, los espectadores tienden a prestar atención a lo que ven y no a lo que escuchan. Limite y regule el tiempo de ver la televisión y *haga que sea una costumbre hablar juntos como una familia* (durante las comidas, en el coche, durante las actividades familiares, siempre que sea posible), sin la distracción de "la televisión". Dé a los niños acceso a una amplia variedad de experiencias y discútanlas y revívanlas juntos.

3. Ayude a sus hijos a ser pensadores analíticos.

Los niños necesitan un tiempo tranquilo para meditar las ideas, así como estímulo para expresarlas. Casi todos los niños son capaces de un pensamiento mucho más complejo del que les damos crédito. No dude en pedir a sus hijos opiniones sobre todas las cosas de su vida cotidiana: programas en la televisión, eventos actuales, actitudes de las personas, actividades escolares, decisiones familiares. Pregunte las razones por las que piensan de esa manera. Escuche mientras expresan sus ideas y apéguese a las propias, sin desdeñar las de ellos. Si amplía sus charlas, en lugar de corregir, y les permiten participar en la toma de decisiones, se sentirán importantes y creerán que sus ideas tienen valor.

4. Demuestre a sus hijos que la lectura puede ser divertida.

Su propio uso y disfrute de los libros, las revistas y los periódicos es también una buena manera de predecir el éxito de sus hijos en la lectura. No hay mejor manera de mostrar a sus hijos que leer es un placer (no una marcha forzada a través de lecciones difíciles o aburridas), que disfrutándola usted. Incluso si nunca ha sido un lector entusiasta (o muy bueno), puede tratar de dedicar más tiempo al material impreso. Quizá desee también comentar a sus hijos, si cree que una mejor habilidad para la lectura habría hecho que la vida resultara más interesante para usted.

HABILIDADES FUNDAMENTALES
DEL LENGUAJE

La lectura (y también la escritura y el habla) requieren dominio de cuatro habilidades fundamentales del lenguaje: **fonología, sintaxis, semántica y pragmática.** Al ayudar a su hijo a desarrollar estas habilidades lo asiste para que tenga un buen desempeño en todas las materias (¡y en la vida!).

Fonología: clasificar los *sonidos* en palabras y ponerlos en orden.

1. **Asegúrese de que su hijo tenga muchas oportunidades de escuchar a las personas hablar claramente, frente a frente.** La charla en la televisión generalmente es demasiado rápida y confusa para una recepción clara en el cerebro del niño.
2. **Practique juegos orales de palabras, en particular los que incluyan rimas o inversión de letras.** Vaya a la biblioteca y pida un libro con juegos de palabras.
3. **Espere que su hijo escuche.** Si él parece tener dificultad, pídale que repita lo que piensa que usted dijo.
4. **Dé instrucciones claras y espere que su hijo las siga.** Empiece con una o dos ("por favor, ve por una barra de jabón y tráela a la cocina"), y continúe con series más prolongadas.

5. **Si su hijo parece tener dificultad repetida para hablar con claridad (articulación), para escuchar diferentes sonidos en las palabras o para recordar lo que oye, solicite una evaluación al terapeuta del lenguaje en la escuela o en una clínica.**

Sintaxis: comprender cómo se unen las palabras para formar frases con significado ("sintaxis" es una palabra elegante que significa gramática).

1. **Elija libros para leerlos en voz alta a su hijo, los cuales contengan un buen lenguaje.** Deténgase y enfoque frases individuales; hable acerca de cómo las palabras se unen para expresar una idea. ("Me gusta la forma en que este autor utilizó palabras tan expresivas para describir al potro". "Dice que ellos botaron la lancha; ¿quiénes son 'ellos' en esta frase?")

2. **Encuentre oportunidades para exponer a sus hijos al lenguaje que es más "de libro" que el que escuchan en el mundo cotidiano.** (Pida a su bibliotecario sugerencias para leer en voz alta o cintas de historias de alta calidad, éstas últimas, especialmente si duda de su propio uso de la gramática.)

3. **Escuche el lenguaje de su hijo.** Si escucha errores gramaticales cuando él habla, a cualquier edad, modele con amabilidad una mejor forma. La persistencia en tales errores, mucho tiempo después de que otros niños de la misma edad han

dominado estas reglas, es una señal para buscar una evaluación profesional.

4. **Muestre a su hijo cómo utilizar oraciones más complicadas.** ("Él fue al cine porque pensó que la función parecía excitante".

5. **No se preocupe por tratar de enseñar los nombres de las partes de la oración (nombres, verbos, adjetivos) a un niño pequeño.** Ellos los aprenden escuchando buenos ejemplos.

Semántica: comprender el significado de palabras individuales, oraciones o texto (muy relacionado con la lectura de comprensión).

1. **Esté alerta ante las oportunidades para ayudar a su hijo a incrementar su vocabulario.** Por ejemplo, si están leyendo juntos una historia, elija palabras interesantes o difíciles, comente los significados y practiquen utilizándolas.

2. **Trate de aprender una "palabra de la semana" con toda la familia.** Cada semana, elija una nueva palabra y escríbala en una tarjeta, junto con ejemplos de oraciones en las que se emplee correctamente. Desafíe para que encuentren ejemplos impresos y para que utilicen con frecuencia la palabra en la conversación esa semana.

3. **Al leer con niños pequeños, formule preguntas usando "quién, qué, cuándo, dónde, por qué y cómo.** A los niños mayores, pídales que resuman la historia. Juntos, desarrollen algunas preguntas

que les gustaría formular al autor. Trate de res-
ponderlas.

4. **Estimule a su hijo para que exprese opiniones
sobre las historias o los artículos.** No siempre tiene que estar de acuerdo con el autor. Para los estudiantes mayores, pruebe comparando dos
artículos sobre el mismo tema. ¿Los autores tienen puntos de vista similares? ¿Qué tan bien expresan sus puntos de vista?

5. **Practique haciendo "cine mental" para estimular la comprensión precisa y la memoria de lo
que se lee.** ("Cerremos los ojos para imaginar
cómo es el monstruo de la historia. ¿De qué color
es tu monstruo? Dime más sobre su apariencia".)
Lea algunos libros con imágenes o lea la historia
en voz alta, antes de mostrar las imágenes. Discutan las imágenes que pasaron por sus mentes durante la lectura.

6. **Estimule a su hijo para que se interese en pasatiempos, colecciones, proyectos y juegos espontáneos.**
Incluso actividades tan simples como verter are-
na desarrollan las habilidades necesarias para
comprender. Para los niños mayores, los viajes
familiares o las tareas compartidas (lavar el coche, deshierbar el jardín) ofrecen buenas oportunidades para hablar y pensar juntos.

Pragmática: saber cómo o por qué las personas
utilizan las palabras socialmente; comprender qué
intentan decir los demás.

1. **Empiece hablando y escuchando a su hijo desde temprana edad.** Incluso si ha dejado pasar esta oportunidad, ¡nunca es demasiado tarde!

2. **Enseñe a su hijo cómo utilizar el lenguaje cortesmente.** ("Por favor", "gracias", "discúlpame, pero..." etc.) No acepte un lenguaje descortés.

3. **Estimule a su hijo para que juegue con otros niños.** No le permita pasar todo su tiempo con juegos de video o en la computadora; asegúrese de que aprenda a jugar, a imaginar, a negociar reglas con grupos de compañeros.

4. **Explique por qué las personas dicen lo que dicen.** ("¿Por qué crees que el vendedor nos dijo que el juguete era muy resistente, cuando no lo era? ¡Tal vez estaba ansioso por recibir nuestro dinero!") Ayude a su hijo a comprender que no todas las personas piensan como él y que sus compañeros de juego tienen sus propias motivaciones ("Sé que deseas jugar con Johnny, pero no me sorprende que él no desee salir. Quizá está preocupado porque su perro está enfermo".) Un niño que puede comprender los puntos de vista de los demás está mucho mejor equipado para comprender a un autor (una de las bases de la lectura de comprensión).

Buen lenguaje + buen pensamiento = buena lectura

Una ayuda diferente según la edad

A medida que los niños progresan en el proceso de la lectura, el papel de usted cambiará. Veamos cómo puede utilizar su tiempo en forma más constructiva.

Cómo ayudar al niño pequeño y al lector principiante

1. **Mantenga bajo el nivel de la presión.** Algunos niños aprenden a leer por sí solos a la edad de cuatro años y otros no aprenderán hasta los ocho años. Generalmente, este desarrollo tiene poco que ver con la inteligencia y muchos lectores tardíos pronto se ponen al corriente. Si usted establece una buena base siguiendo las sugerencias previas, ¡no se impaciente y trate de imponer la lectura a su hijo! Los padres que hacen lo anterior, por lo general lo lamentan, porque obtienen un niño desalentado y, en ocasiones, incluso el inicio de un "problema de aprendizaje" innecesario. Si tiene serias preocupaciones por la lectura tardía, busque la ayuda de un especialista en lectura calificado o del psicólogo de la escuela.

2. **Reconozca la ansiedad de su hijo.** Asegure a su hijo que aunque la lectura es importante, aprenderá cuando esté listo. Manténgala como algo divertido e interesante.

3. **Las tarjetas de ayuda pedagógica no son la mejor forma para enseñar a leer a su hijo.** Ahora sabemos que los niños aprenden mejor las palabras cuando las ven en un contexto; esto es, en una oración que tenga significado personal para ellos. Más aún, he conocido niños que han desarrollado una aversión eterna a lo impreso, después de haber estado sujetos a un adiestramiento temprano con dichas tarjetas. Es mejor que le lea.

4. **Es bueno enseñar a su hijo el alfabeto y señalar las diferentes letras o signos, siempre que no sea algo forzado.** Cuando su hijo empiece a hacer preguntas sobre las palabras impresas, respóndalas.

5. **No sienta pánico, si su hijo invierte letras o palabras.** Estas confusiones son naturales en los niños pequeños y, por lo general, se solucionan solas alrededor de los ocho años de edad.

6. **Si su hijo tiene alguna señal de dificultad con el lenguaje en las cuatro habilidades fundamentales de éste, anotadas anteriormente; si se tarda en empezar a hablar, si mezcla las palabras o si no puede pronunciarlas adecuadamente, solicite una evaluación completa al terapeuta del lenguaje de su escuela o en una clínica.** Esto es especialmente importante, si alguien en su familia ha tenido problemas con la lectura.

7. **Si su hogar es bilingüe, quizá deba concentrarse en un idioma para empezar las experiencias con la lectura, aunque tal vez desee continuar leyendo a su hijo en los dos idiomas.** Si el niño

parece confundido, trate de limitar todas las experiencias con la lectura a un idioma, lo más posible, hasta que termine dicha confusión.

8. **Utilice libros con imágenes.** Túrnese con su hijo para contar una historia observando las imágenes.

9. **Practique nombrando las palabras que empiezan con el mismo sonido de consonante:** mamá, mapa, masa.

10. **Juegue juegos rítmicos, lea poemas infantiles y atraiga la atención hacia los sonidos rítmicos.**

Cómo ayudar a los estudiantes de primaria

Para ayudar al maestro a desarrollar la habilidad de lectura de su hijo, continúe diariamente con un tiempo dedicado a leer historias, exprese interés y entusiasmo acerca del progreso en la escuela y permita que el niño le lea en casa todos los días. Su tarea no es enseñar, sino reforzar los buenos hábitos de la lectura. Éstos son algunas indicaciones:

1. **Fije una hora habitual para leerle a su hijo.** Mientras aprende a leer, añada diez minutos cada día, cuando él pueda leerle. Continúe con regularidad, hasta que se establezca en forma gradual la habilidad de la lectura en silencio.

2. **Asegúrese de que el niño lea libros que sean fáciles y disfrutables.** A esto se le llama el nivel "independiente" de lectura. Si tiene alguna pre-

gunta, formúlela al maestro. El propósito no es enseñar habilidades, sino practicar la fluidez y aprender a disfrutar la lectura.

3. **Permita que el niño elija los libros, siempre que estén en el nivel independiente.** En ocasiones, los niños tratan de agradar a sus padres seleccionando libros "difíciles", pero esto es un ejercicio contraproducente.

4. **Mientras el niño lee, escuche para determinar si comprende el significado.** Los indicios se encuentran en la forma en que frasea, observa los signos de puntuación o hace comentarios sobre la historia.

5. **Inserte una pregunta ocasional que desafíe su pensamiento y para la cual *no haya una respuesta correcta*.** "¿Por qué piensas que John deseaba esos zapatos?" "¿Qué crees que sucederá después?" "Tratemos de adivinar lo que podrían encontrar en el viejo granero". "¿Qué pudo haber sucedido, si se hubiera quedado en casa y no ido al día de campo?" No enfoque preguntas de nivel literal, como "¿De qué color eran los zapatos?" "Qué llevaron al día de campo?"

6. **El error más común que comenten las personas adultas (incluyendo los maestros) es ayudar demasiado.** Si el niño pronuncia mal una palabra, guarde silencio. Escuche el resto de la frase u oración para ver si la mala pronunciación cambió el significado. Para los lectores principiantes, la confusión de "un" o "el" debe ignorarse también. Si el

niño comete errores que cambian el sentido de la historia, espere hasta que se dé cuenta de que se perdió el significado. Usted desea que el niño registre el significado. Si continúa, deténgalo al final de una oración o párrafo. Pregunte: "¿Eso tiene sentido?" Estimúlelo para que escuche y lea de nuevo para comprender el significado. Si una palabra es demasiado difícil, permítale que termine de leer la oración y que trate de imaginar la palabra que falta. Si no puede, dígale cuál es.

7. **Recuerde, la perfección no es el objetivo.** Lo es la comprensión.

8. **Cuando termine la historia, pídale que la cuente de nuevo** *brevemente.* Ayúdelo a encontrar únicamente las ideas principales y las partes importantes y menciónelas en orden. Este proceso de síntesis es difícil, pero importante. Estimule la calidad, más que la cantidad de lo que relata.

9. **Si ambos están interesados, amplíe su discusión de la historia.** Podrían imaginar otro final, un personaje principal diferente o un ambiente diferente. Los niños disfrutan los proyectos creativos: actuar las escenas, hacer modelos del escenario en una caja de zapatos o escribir nuevamente la trama desde otro punto de vista. Tales proyectos pueden llevarse a la escuela y compartirlos con la clase. ¡Son mucho más interesantes que el reporte de libro común!

10. **Puede ayudar a su hijo con una de las mejores herramientas para la comprensión, si estimula**

la imaginación. Practiquen haciendo "películas mentales" de lo que está sucediendo en el libro. Traten de dibujar imágenes de lo que cada uno "vio" en la historia. Usen los libros sin ilustraciones o cúbralas, para que puedan tener sus propias ideas. La investigación muestra que las personas que comprenden bien por instinto hacen imágenes mentales cuando leen y que la comprensión de los malos lectores puede mejorarse al dirigir la instrucción en esta estrategia importante.

11. **Si su hijo se resiste a leerle en casa, reflexione respecto a la cantidad de presión en la situación.** ¿Son demasiado prolongadas las sesiones? ¿Debe conseguir libros más fáciles? ¿Espera la perfección? ¿Lo elogia lo suficiente? ¿Se turna de vez en cuando para leer? Si parece existir un problema real, hable con el maestro o con el especialista en lectura, respecto a sus preguntas.

12. **Estimule los hábitos de la lectura independiente.** Ampliar la hora de irse a la cama es un buen atractivo. Apague el televisor y permita que toda la familia lea junta. A pesar de todos nuestros esfuerzos, los niños aprenden a leer leyendo.

Cómo leer con su hijo adolescente

Su papel ya debe haber disminuido a uno de apoyo y de asesoría ocasional. No dejen de leer en voz alta como una familia y permita que los niños ayuden a elegir los libros o los temas de interés. Pruebe una variedad amplia: novelas con temas importantes, poesía, ensayos, editoriales de periódicos, obras, humor. Dedique suficiente tiempo a la discusión. Escuche las ideas de su hijo adolescente, sin criticar o dar su opinión. Los jóvenes a esta edad necesitan experimentar con muchas formas diferentes de ver el mundo y, en ocasiones, sus ideas "disparatadas" son *pasos necesarios hacia el pensamiento adulto.*

Una técnica excelente

Una técnica magnífica que es útil para la lectura de libros de texto, para los estudiantes de nueve años en adelante, incluye cinco pasos:

1. Investigar
2. Cuestionar
3. Leer
4. Recitar
5. Revisar

Si el maestro de su hijo no ha introducido esta técnica, usted puede mostrar a su hijo cómo utilizarla en los libros de historia, ciencias, literatura u otros. Así funciona:

1. **Investigar:** Revisar toda la tarea o capítulo. Leer el título. Leer todos los subtítulos. Observar los mapas, gráficas e imágenes. ¿Cómo encajan entre sí? Saltarse el primero y el último párrafo. Revisar

las guías de estudio al final del capítulo. ¿Cómo se relaciona este capítulo con todo el libro? ¿Con el curso? Asegure a su hijo que el tiempo dedicado a este paso no es perdido, sino que disminuirá el tiempo total de estudio.

2. **Cuestionar:** ¿Quién escribió esto y por qué? ¿Por qué lo estoy leyendo? (por diversión, para un examen, para aprender alguna cosa) ¿De qué tratará? Piense en algunas preguntas inspiradas por el título, (por ejemplo, *Desarrollo de las Colonias:* ¿Qué eran las colonias? ¿Dónde estaban? ¿Qué necesitaban construir los colonos? ¿Casas? ¿Tiendas? ¿Fábricas? ¿Gobiernos? ¿Cómo los construyeron? ¿Quién hizo el trabajo?). Trate de adivinar cómo responder las preguntas. Este paso hace que el niño se involucre personalmente, fijando su propia dirección y motivos para la lectura. Convierta todos los títulos de los capítulos en preguntas. Trate de adivinar las respuestas a éstas y a cualquier pregunta relacionada con el texto.

3. **Leer:** Ahora lea detenidamente el capítulo. Escribir resúmenes de cada sección en el margen es un buen hábito. Casi todos los estudiantes tienden a subrayar demasiado. Lea primero y después regrese y subraye únicamente los puntos más importantes.

4. **Recitar.** Sin ver nuevamente el texto, trate de responder las preguntas que formuló al principio. ¿Cómo encajan entre sí todos estos subtemas? ¿Cuáles son las ideas principales en este capítu-

lo? ¿Cuáles son los hechos importantes y los detalles? ¿Cómo están relacionados los mapas, las
ilustraciones y las gráficas con el tema?

5. **Revisar:** Revise el material después de que haya
transcurrido cierto tiempo. Refresque su memoria
sobre los hechos e ideas importantes. La revisión
periódica es la mejor manera de crear circuitos de
memoria. Haga guías de estudio de hechos e ideas
que deben ser recordados.

Esta técnica es sólo una de muchas herramientas
prácticas para ayudar a los estudiantes en la lectura de comprensión. Muchos buenos maestros piden
a los estudiantes que anoten las ideas, que discutan
o escriban sobre el tema, antes de empezar a leerlo
y están encontrando formas interesantes y motivantes
para combinar la lectura, la escritura y el razona-
miento en cada materia. Consulte para saber si su
escuela está trabajando en esta integración de habilidades. Exhorte a los maestros a continuar con
nueva investigación que ayude a los niños a leer con
sus cerebros, en lugar de sólo con los ojos y la voz.

CÓMO RESOLVER LOS PROBLEMAS

¿Cómo saber cuándo debe preocuparse? Las señales de peligro difieren, dependiendo de la edad del niño.

Primeras señales

★ Infecciones repetidas en los oídos; daño o pérdida del oído.

★ Retraso en el lenguaje o problemas a cualquier edad. La mayor parte de los problemas de lectura están relacionados con trastornos del lenguaje.

★ Dificultades persistentes para prestar atención.

★ Problemas de visión no corregidos. Asegúrese de que examinen pronto a su hijo para cerciorarse de que no padezca ambliopía.

★ Historia familiar de problemas del lenguaje, lectura, ortografía o escritura.

★ Si es zurdo o ambidiestro, si hay otras señales. (Muchos zurdos son buenos lectores.)

★ Gran dificultad para leer la hora, aprender números telefónicos o direcciones, atarse los zapatos, seguir indicaciones. Toda la secuencia requerida, manejada en el área del cerebro que también pone en orden las palabras y los sonidos.

★ Dificultad para procesar el material rápidamente a través de los ojos o los oídos. La investigación actual indica que la dislexia puede ser resultado de diferencias con base en el cerebro, para interpretar rápidamente señales de cambio en el campo visual y en el auditivo.

Dislexia

Entre el 10 y el 20 por ciento de la población, a menudo personas con inteligencia normal o por arriba del promedio, muestra algunos síntomas de Incapacidad Específica para la Lectura (también se llama "Incapacidad Específica para el Lenguaje" o "dislexia"). ¡Esta dificultad no es un reflejo de la inteligencia básica! Frecuentemente se presenta en familias sumamente creativas y se cree que es hereditaria. Puede presentarse en varias formas:

❖ Confusión de sonidos en el habla y/u otro retraso en el lenguaje.
❖ Dominio retardado de las primeras habilidades para la lectura.
❖ Mala ortografía.
❖ Dificultad para anotar las ideas sobre el papel, de una manera organizada.
❖ Lectura lenta.
❖ Mala lectura oral.
❖ Dificultad para aprender idiomas extranjeros.

Por desgracia, algunos psicólogos escolares no han sido suficientemente alertados en relación con este problema, por lo que los niños, en especial los brillantes, pueden no ser diagnosticados. Un niño con una deficiencia de aprendizaje necesita buena ayuda profesional para evitar convertirse en un niño "no motivado" o deprimido.

Cómo entrenar a su hijo en la escritura, la ortografía, las matemáticas y las ciencias

CÓMO AYUDARLO CON LA ESCRITURA Y LA ORTOGRAFÍA

Cómo ayudar al niño pequeño

1. Asegúrese de que su hijo haga suficientes ejercicios con los dedos y el pulgar para desarrollar los músculos para la escritura a mano. Los trabajos manuales, las actividades en la cocina y las

de corte, los pasatiempos y el bordado desarrollan buena coordinación muscular y fuerza.

2. **No obligue a los niños a usar los lápices hasta que estén listos para sostenerlos adecuadamente.** Una vez que se estableció una forma incorrecta de sostener el lápiz, es casi imposible corregirla. muestre a su hijo cómo sostener el lápiz entre el extremo del pulgar y el dedo índice de la mano con la que escribe, con el dedo medio abajo, sosteniendo el lápiz. Si el niño no puede controlar el lápiz con las puntas de sus dedos y tiene que colocarlo en el centro de su mano, no está listo para usarlo. Utilice únicamente los pinceles o los gises, hasta que los circuitos estén más maduros.

3. **Ayude a su hijo a hacer sus propios libros.** Proporciónele papel, crayones, lápices (si está listo), marcadores, engrapadora, pasta, revistas viejas para recortar y muestras de papel tapiz (gratis en las tiendas) para cubiertas. Usted puede ser la "secretaria" y escribir avisos, comentarios o historias para el niño, siguiendo sus indicaciones. Al cubrir las páginas con papel "contacto" transparente da al libro la apariencia de importante.

4. **Permita que su hijo lo vea escribiendo (listas de compras, cartas, notas) y explíquele que escribir es muy útil en su vida.** Ayúdelo a preparar una carta para la abuela o para un amigo.

5. **Siga las sugerencias del Capítulo 7 sobre cómo desarrollar habilidades fonológicas (sonidos del habla).** Ayude a su hijo a hacer un libro de ilustra-

ciones con recortes de revistas, que ilustren los primeros sonidos de las letras del alfabeto. Trate de enfocarse en los sonidos, no en la forma que se escribe visualmente la palabra.

6. **Una vez que su hijo pueda escuchar los primeros sonidos, trabaje con los sonidos finales.** Lea muchas rimas y escuchen las palabras que riman. Cuando los niños crecen, pueden escuchar el número de sílabas en la palabra. Practique dando una palmada por cada sílaba. ¡Si nadie le enseñó esto, puede mejorar su propio oído y la habilidad de la ortografía!

7. **Las personas con buena ortografía notan los detalles de las palabras.** Pueden fácilmente separar las letras ("discriminación visual") y recordarlas. Ayude a su hijo a desarrollar la habilidad de la discriminación visual buscando cuidadosamente detalles en las imágenes. Estimule a los niños para que observen con detenimiento el medio que los rodea (las formas de las hojas, las flores, los materiales de trabajo). Los "dibujos ocultos" o los juegos o los libros de búsqueda visual son útiles aquí.

8. **Pregunte acerca de la política de la escuela en relación con el inicio de la ortografía.** Algunas escuelas estimulan a los niños para que usen "ortografía inventada"; se da énfasis a que el niño escuche los sonidos de una palabra y que escriba lo que crea que es el sonido, en lugar de memorizar la forma perfecta. Siga las indicaciones de la

escuela respecto a este asunto y elogie los esfuerzos de su hijo, sin encontrar las faltas. Si su hijo no hace la transición hacia la ortografía habitual (correcta) al final del segundo grado, considérelo como una posible señal de peligro que indica necesidad de ayuda especial.

Cómo ayudar a los estudiantes del nivel elemental y a los adolescentes

1. **Si se siente capaz de revisar la ortografía, y el maestro lo aprueba, esté siempre disponible para hacerlo.** Recuerde empezar con comentarios positivos. Si encuentra un error, haga una marca en el margen ("o" para ortografía, "p" para puntuación, "g" para un error gramatical); siéntese con su hijo para ver si él puede detectar el error. Utilicen juntos un diccionario para revisar las dudas ortográficas. Si estas sesiones se convierten en riñas y gritos, lea nuevamente los capítulos 4 y 6.
2. **Ayude a su hijo a aprender a tener mejor ortografía practicando con grupos de "familias de palabras"** (palabras que contienen la misma parte).
3. **Use un enfoque "multisensorial" para reforzar la ortografía de las palabras:** observe la palabra, hable sobre los patrones de letras que contiene y relaciónelos con las reglas o patrones conocidos. Finalmente, pida a su hijo que le indique los patrones en la palabra. Pídale que diga la palabra

en voz alta mientras la escribe, cúbrala y que la diga y escriba de nuevo dos veces más. A algunos niños le gusta practicar la escritura con el dedo índice sobre una superficie áspera, como la alfombra de la sala. Asegúrese de decir la palabra en voz alta, mientras él la escribe. Escribir las palabras o las sílabas con diferentes colores ayuda también a algunos niños. La antigua práctica de escribir una palabra 20 veces en una columna no es una técnica muy buena, ya que resulta aburrido, no pone en funcionamiento los centros superiores del pensamiento y con demasiada frecuencia conduce hacia una práctica errónea de la ortografía.

4. **Discuta los motivos de las reglas,** *si está familiarizado con éstas.* ¿Por qué escribimos con mayúscula los nombres propios? ¿Por qué las palabras en una serie se separan con comas? ¿Por qué ponemos diferentes signos de puntuación al final de las oraciones? Señale los elementos cuando lean juntos y discutan por qué hacen la escritura más interesante o comprensible.

5. **Estimule a su hijo para que lea en voz alta trozos de escritura y para que trate de encontrar sus propios errores.** Anímelo para que haga un "primer borrador" para anotar las ideas y después regrese y perfeccione la mecánica.

Cómo ayudar a su hijo a ser un mejor escritor

Tal vez comprenda ahora que ser un buen "técnico" no es suficiente para hacer de un niño un buen escritor. He recibido muchos escritos (incluso de estudiantes graduados) con buena ortografía y puntuación, ¡pero que no decían nada! A la larga, el contenido (la calidad, la claridad y la organización de las ideas) es lo que importa, aunque una presentación decente es necesaria para hacer comprensibles las buenas ideas. Éstos son algunos consejos para ayudar a sus niños de todas las edades a mejorar el contenido y la organización:

1. **Estimule a sus hijos para que escriban un diario y tengan el hábito de escribir diariamente.** Esta práctica puede ser especialmente importante en el verano, cuando desea mantener activas las habilidades. El producto real es mucho menos importante aquí que el proceso (el hábito de anotar las ideas fácil y regularmente). Trate de escribir un diario y de dedicar un tiempo especial del día para que usted y su hijo escriban sus diarios. Decidan si desean leerse mutuamente. Esta actividad es especialmente buena durante los viajes familiares.

2. **Tenga a la mano libros de referencia (diccionario, enciclopedia, diccionario de citas) o ubique dónde están colocados en la biblioteca pública.** Un diccionario de sinónimos en rústica es útil para

"adornar" una composición substituyendo con palabras más interesantes. Hay versiones incluso para niños pequeños.

3. **Practique la narración de historias entre familia.** Cuenten historias en las que cada participante añada un episodio breve, antes de pasar la historia a un nuevo narrador. Muchos de nosotros nos avergonzamos y sentimos un poco torpes cuando tratamos de contar historias por primera vez. Pruebe con algo familiar, como un relato de un evento de sus propios días de escuela. A los niños les gustan también las historias de aventuras, siendo ellos el personaje principal.

Ejemplos:

"Un día, Jeff salió al bosque a jugar y descubrió una gran caja de oro debajo de un roble".

O narre algo estrambótico:

"Había una vez un monstruo con seis cabezas; era un monstruo de color morado. Vivía en una cueva. Un día, salió para buscar algo para comer y encontró..."

Que la persona siguiente en narrar la historia termine la oración y empiece otra parte de la historia. No tema reír y ser un poco tonto. Lo hará mejor con la práctica y se divertirá.

4. **Cuando el niño trate de pensar en algo para escribir, sugiera que empiece con algo familiar.** Las nuevas técnicas de "guía mental" que en la actualidad se enseñan en muchas escuelas ayudan a desarrollar las ideas y pueden proporcionar una guía de organización para la escritura.

5. **Recuerde que los buenos escritores hacen muchos borradores antes de quedar satisfechos.** Ayude a su hijo a desarrollar un plan inicial (qué idea va primero, cuál después, etc.), pero espere que escriba de nuevo la composición. No estimule ni permita que su hijo copie el texto de un libro, sin citar adecuadamente la fuente. No sólo es ilegal esta práctica, sino que su hijo no aprende a escribir independientemente. Si no está seguro de las reglas sobre esto, consulte con el maestro.

6. **No espere que su hijo se concentre en el contenido y en la mecánica a la vez.** El cerebro tiene diferentes circuitos para la ortografía, la reglas de puntuación y las ideas. *Recuerde, a la larga, las ideas son lo más importante.*

Solución de dificultades

Para dificultades específicas en relación con la ortografía y la puntuación, algunos *software* de computadora cuentan con programas que pueden ser útiles y divertidos para el niño. Averigüe si hay alguno disponible en la escuela, en algún centro educativo (pregunte al especialista en lectura de la escuela) o en la biblioteca.

El problema más común referente a la escritura no es la ortografía o la puntuación. Casi siempre, la dificultad proviene de un deficiente desarrollo de la capacidad de expresión y puede incluir también problemas de organización (escritorio desordenado, zapatos desamarrados). Los puntos importantes que debe recordar son:

○ **No acuse al niño de flojera ni de falta de interés.**
○ **Si este patrón continúa durante seis meses o más y no se encuentra otra causa (por ejemplo, una crisis en el hogar, enfermedad física), insista en una evaluación especial por parte del psicólogo de la escuela o en una clínica, si es necesario. Muchos niños brillantes con diferencias** en el aprendizaje tienen problemas al principio de esta forma. Es importante que el niño obtenga ayuda especializada lo más pronto posible.
○ **Si este patrón se ha presentado desde hace tiempo en uno de sus hijos mayores, no es demasiado tarde para buscar ayuda profesional con un especialista en el aprendizaje.** En ocasiones, incluso las mejores escuelas y maestros no comprenden y no tratan este tipo de problema en un niño que es un buen lector y parece inteligente.

Cómo ayudar con las matemáticas y las ciencias

Nuevas perspectivas para una era tecnológica

Las matemáticas y las ciencias representan dos bases sólidas para el éxito en nuestro mundo con un rápido desarrollo tecnológico. Los puntos de vista de los educadores también han cambiado durante los últimos años. ¿Qué son las matemáticas? A la mayoría de nosotros nos enseñaron que las matemáticas son hacer cálculos sobre el papel, siguiendo ciertas reglas (o "algoritmos") que hemos memorizado (tablas de multiplicar, orden de operaciones, etc.). ¿Qué son las ciencias? Son memorizar información, en la experiencia de muchos ex estudiantes.

Algunos padres tuvieron suerte en tener maestros que comprendían los verdaderos motivos para estudiar las matemáticas y las ciencias: ¡enseñar a los estudiantes a ser razonadores efectivos y a solucionar problemas! Se les facilitará ayudar a sus hijos en esta nueva era; el resto de nosotros tenemos por delante algunos reajustes mentales.

Primero, ayude a los niños de cualquier edad a solucionar bien los problemas. Éstos son algunos consejos:

1. **Estimule las preguntas,** en particular, las que tienen más de una respuesta posible y, de preferen-

cia, las que *usted* no sabe responder. ("No estoy seguro por qué las hojas tienen diferentes formas. Vamos a recoger algunas y a tratar de imaginar algunos motivos".)

2. **Haga preguntas abiertas y reciba con agrado las respuestas innovadoras.** ("¿Qué apariencia crees que tendrá este bosque dentro de cien años?" "¿Qué harían los niños, si no hubiera escuelas y todos se quedaran en casa y aprendieran en una computadora?")

3. **Estimule los enfoques divergentes a las situaciones cotidianas, dentro de la razón.** (Si su hijo puede pensar en un motivo para poner la mesa de una forma nueva y diferente, ¿por qué no?)

4. **Ayude a su hijo a tolerar cierta inseguridad.** Los pensadores efectivos pueden retrasar la mejor solución a un problema, hasta haber probado varias hipótesis.

5. **Proporcione juguetes y juegos que estimulen una variedad de tipos de juego, que los niños deban crear;** elogie y admire los usos innovadores del juego de la construcción o de los materiales de juego.

6. **Muestre a su hijo cómo calcular.** ("Tienes nueve centavos en el banco; eso es casi una moneda de diez centavos". "Tenemos que conducir 295 kilómetros hasta la casa de la abuela, eso es casi 300 kilómetros".)

7. **Practique "adivina y prueba".** ("No estoy seguro qué sucederá, si le ponemos limonada a la gelati-

na, en lugar de agua, vamos a adivinar algunas posibilidades y después veremos qué sucede".)

8. **Evite emplear las palabras "correcto" e "incorrecto", a no ser que esté en juego un asunto moral o de seguridad; dedique tiempo a escuchar las ideas del niño, antes de juzgar.** Pruebe la frase "Es una idea interesante, dime más".

9. **Trabaje bastante para ayudar a su hijo a sentir la suficiente seguridad para que tengan riesgos sensatos.**

Aprendizaje práctico

En seguida, lleve a cabo algunas actividades familiares para desarrollar conceptos numéricos y científicos:

★ **Cocinar** ofrece muchas posibilidades para comprender las ideas importantes de cantidad, medida, pasos de secuencia en un problema, seguir con precisión las indicaciones, fracciones e hipótesis de prueba. ¡Ésta es una experiencia de aprendizaje disfrutable, significativa y deliciosa!

★ **Los juegos familiares** relacionados con cartas, números o dinero promueven comprensión de las cantidades relativas y desarrollan habilidades de cómputo. Los juegos que requieren organización visual o estrategia también son valiosos.

★ **Las compras** ofrecen oportunidades para comparar los precios, las formas, para aprender los lugares decimales y para practicar la computación en una situación significativa. Catalogar las compras en el hogar puede convertirse en un juego matemático (calcular cuántos artículos pueden comprarse con cierta cantidad de dinero, por ejemplo).

★ Todos los niños en edad escolar deben recibir un **domingo** para distribuirlo, aunque sea pequeño y deben experimentar en comprar artículos pequeños y en recibir el cambio. Los niños mayores pueden aprender sobre el interés en un contexto natural de un banco o si necesitan pedir prestado.

★ **Los juegos de viajes,** como la lotería con las placas de los coches, llevar el registro del kilometraje o incluso registrar el kilometraje de la gasolina pueden ser divertidos. Trabajar con mapas desarrolla las habilidades gráficas y direccionales y puede hacer que el niño se sienta muy importante.

★ **Coleccionar** inspira a muchos futuros científicos y **explorar la naturaleza** con un adulto interesado ha despertado el interés de muchos futuros biólogos.

★ **Las actividades de medir y pesar** son apropiadas incluso para los niños pequeños. Hacer diagramas de las habitaciones de la casa o mapas del patio o del vecindario resulta divertido. Podría tratar de introducir medidas no comunes, como "¿Cuántos zapatos de papá tiene de ancho la cocina?" El Libro Guinnes de Récords Mundiales es una rica fuente de medidas relativas.

★ **La utilización del tiempo** es la mejor manera de aprender sobre éste. Relacione el tiempo con eventos que sean significativos para el niño y utilice términos apropiados ("¿Qué estamos haciendo *ahora*?"; "¿Qué haremos *después/mientras* almorzamos?") Modelar o dibujar dibujos de actividades en un calendario cotidiano, mientras discuten los eventos pasados y futuros hace que los niños comprendan mejor los términos "entonces" y "pronto", que utilizando conceptos abstractos de días, semanas, meses o estaciones.

★ **Seguir indicaciones** es una de las habilidades más importantes del hogar. Seguir los pasos en orden, planear por anticipado y hablar sobre qué hacer, antes de desempeñar la tarea, puede estimular. Cocinar, como dije con anterioridad, atesora ideas y la construcción de modelos son actividades que siguen los pasos en secuencia. Para los niños mayores, las habilidades con los mapas y la brújula son muy útiles.

★ **Los juegos de calculadora** son una buena fuente de situaciones para solucionar problemas con conceptos numéricos.

Éstas son sólo algunas de las muchas actividades que son la base natural del aprendizaje de las matemáticas y las ciencias. Son esencialmente sobre el mundo real, que es el mejor lugar para aprenderlas.

Solución de dificultades

1. **Busque las señales de peligro múltiples (anotadas a continuación) que persistan durante varios meses.** Muchos estudiantes experimentan "fallas" temporales en el proceso de aprendizaje, por lo que debe tener una paciencia razonable y ayudar al niño a tratar de solucionar el problema. (Para los niños más pequeños, puede necesitar actuar más pronto que con los mayores.) Señales de peligro:

   • Confusión en relación con la tarea de matemáticas o ciencias.
   • Escribir frecuentemente los números invertidos o confundir los signos de más y menos, después de los siete u ocho años de edad.
   • Llanto o dolor de estómago los días de examen.
   • Dificultad persistente para aprender "hechos" (suma, resta, tablas de multiplicar).
   • Estimación de problemas (dar respuestas improbables a problemas.

2. **Tener un expediente de exámenes y tareas que documenten la dificultad del niño.**
3. **Solicitar una cita con el maestro.** Discutir las tareas que usted ha guardado. Averiguar si está dis-

ponible alguna ayuda especial en la escuela. Si es necesario, pida hablar con el psicólogo o el especialista en aprendizaje de la escuela.

4. **Si la escuela no ha estado utilizando manipuladores (objetos concretos como bloques, varas o formas geométricas que enseñen los conceptos numéricos), pregunte si alguna persona entrenada podría usarlos para trabajar con su hijo, durante el tiempo libre o después de la escuela.** Para los estudiantes mayores, los maestros generalmente ofrecen periodos de ayuda extra. Espere que su hijo se inscriba (y se presente) para recibir esa ayuda extra que ofrecen.

5. **Si la ayuda externa es su único recurso, busque una clínica o asesor experimentado que utilice varios enfoques diferentes, además de las hojas de trabajo, para captar los conceptos.**

Hoja de actividades de la sesión 3

EVALUACIÓN DEL ASESOR

Utilice las sugerencias del Capítulo 6 y elija una actividad en la que asesore el aprendizaje de su hijo. Por ejemplo, podría elegir dedicar tiempo a leer con su hijo. Después, evalúe su propio desempeño con la siguiente lista de evaluación.

Tips	Evaluación (E=Excelente; S = Satisfactorio; N = Necesita mejorar
1.Estoy disponible para mi hijo.	_____
2. Ofrezco apoyo, no crítica.	_____
3. Me enfoco en el esfuerzo y en mejorar y no en las calificaciones.	_____
4. No me preocupo por ser un experto.	_____
5. No espero la perfección.	_____
6. Dejo el pensamiento en manos de mi hijo.	_____
7. Disfruto asesorar a mi hijo.	_____

¿Qué hará para mejorar su asesoría la próxima vez?

_____

_____

Apéndice 1

Hogares para buenos lectores

Éste es un resumen de la investigación sobre el ambiente en el hogar que estimula la lectura en los niños.

✦ Existe una atmósfera estructurada, no de castigo, donde los niños son estimulados a expresar ideas y a sentir parte de la toma de decisiones.

✦ No hay demandas excesivas o presión inapropiada.

✦ Se estimula la solución de problemas fomentando la independencia. Los preescolares son estimulados para que sean autosuficientes al vestirse, atarse los zapatos, al poner la mesa, etcétera. También se espera que los niños mayores solucionen algunos problemas.

✦ Hay tolerancia ante errores razonables.

✦ El enfoque es elogiar y no criticar.

✦ Se da énfasis en expandir y no en corregir la conversación del niño.

✦ No se impone la lectura temprana.

✦ El placer en la lectura es evidente. Los niños ven leer a ambos padres.

✦ Se destina regularmente cierto tiempo para la lectura. Ésta se asocia a un contacto relajado y amoroso.

✦ Hay disponibilidad de libros, periódicos, revistas y cuentos infantiles interesantes; el horario para ver la televisión está regulado.

✦ Se hacen visitas regulares a la biblioteca, donde el niño es estimulado para elegir libros que tengan un significado personal.

✦ Existe una variedad amplia de experiencias que discutir.

Apéndice 2

20 formas de apoyar a sus hijos y a su escuela

Los padres han preguntado cómo pueden apoyar a los maestros de sus hijos para hacer el mejor trabajo posible por sus estudiantes. Éstas son 20 maneras útiles en que puede mostrar su apoyo.

1. **Hable positivamente sobre la experiencia de la escuela.** Incluso si sus propios recuerdos escolares no son siempre agradables, puede ayudar a su hijo enfatizando la oportunidad positiva que le ofrece la escuela.
2. **Hable positivamente sobre los maestros, la educación y la tarea.** Su actitud positiva puede ayudar a su hijo a desarrollar un enfoque positivo hacia la escuela.
3. **Muestre interés en lo que está aprendiendo su hijo.** Al hacer preguntas y al permitir que su hijo comparta, comunica que aprender es importante y estimulante. Una vez más, enfatice lo positivo. En lugar de preguntar "¿Qué hiciste hoy en la escuela?" pruebe algunas variaciones, como, "¿Qué hiciste que en verdad te haya gustado?"; "¿Con

qué te sentiste bien?"; "¿Sobre qué te gustaría aprender más?"; "¿Qué estás leyendo?"

4. **Continúe aprendiendo.** Su hijo lo ve como un modelo para muchas cosas. Si continúa ampliando su propio conocimiento y habilidades, leyendo o quizá tomando algún curso, su hijo ve el valor de aprender.

5. **Permita que su hijo lo enseñe.** Como alguien dijo en una ocasión: "Enseñar es aprender dos veces". Puede fortalecer el aprendizaje de su hijo permitiéndole que le explique nuevos conceptos.

6. **Ayude a su hijo a encontrar formas para aplicar su aprendizaje a la vida cotidiana.** Mientras más práctica parezca la información más motivado se sentirá su hijo para estudiar el nuevo material.

7. **Evite la trampa de las calificaciones.** Aunque las calificaciones son útiles para valorar qué tanto ha aprendido su hijo, es el aprendizaje, no las calificaciones, nuestra meta. Evite la trampa de hacer una competencia de las calificaciones. Ayude a su hijo a aprender a relajarse y a disfrutar el aprendizaje, sin la presión de competir.

8. **Evite comparar las calificaciones de sus hijos con las de los demás.** Tales comparaciones casi siempre resultan desalentadoras y contraproducentes. Es mucho mejor comparar las calificaciones de su hijo con sus propias calificaciones anteriores. "¿En qué mejoraste?" ¿En dónde necesitas mejorar más?" "¿Cómo lograrás esto?" "¿Cómo puedo ayudar?"

9. **Desarrolle expectativas realistas para su hijo.** Estimule a su hijo para que tenga el mayor rendimiento en la escuela, teniendo en mente que los niños tendrán un mejor desempeño en algunas áreas. También tenga en mente que su hijo es especial debido a quién es él, no a cómo sea su desempeño.

10. **Proporcione un sitio tranquilo y tiempo para la tarea.** Casi todos los estudiantes tienen un mejor desempeño con un horario regular de estudio que acordaron con sus padres. Al tener un sitio especial para hacer la tarea, ya sea un escritorio en su propia habitación o la mesa de la cocina, ayuda a desarrollar una rutina y una atmósfera que conduce al trabajo. Esto no puede lograrse frente al televisor.

11. **Revise el trabajo de su hijo junto con él.** El revisar la tarea y los exámenes enviados a casa, con un interés en lo que está haciendo su hijo, le da la oportunidad de estimular su trabajo y de notar si está teniendo dificultades.

12. **Sea un asesor para la tarea, no un profesor.** La tarea es trabajo de su hijo, no suyo. Recomendamos que no se siente a su lado en un intento de asegurarse de que responda todo correctamente. Los errores en la tarea son una forma en que el maestro de su hijo sabe qué conceptos necesitan más explicación. En cambio, actúe como un asesor, esté disponible para ofrecer apoyo y ayuda cuando el niño lo pida.

13. Estimule a su hijo para que lea en casa. Puesto que la lectura es la base de gran parte del aprendizaje, mientras más practique su hijo esta habilidad esencial, mejor desempeño tendrá en todas las materias. Para mantener la motivación y el disfrute de la lectura, permita que su hijo elija lo que desea leer. Los libros fáciles, las revistas e incluso los libros cómicos son un último recurso (cualquier cosa, menos material que "no sea para niños" debe estimularse).

14. Desarrolle un plan de disciplina consistente y efectivo. El empleo de los métodos para educar a los niños que enseñan a su hijo responsabilidad, cooperación y autoestima ayudarán también a su hijo a desempeñarse bien en el salón de clases. Puede evitar ser demasiado estricto o demasiado flexible tomando un curso de educación para los padres o leyendo algunos libros recomendados.

15. Apoye el plan de disciplina de la escuela. Una escuela, al igual que una familia, debe mantener cierto nivel de orden y estructura, para que nuestros hijos puedan sentirse seguros y puedan aprender. Si su hijo es disciplinado en la escuela, por favor, ayúdelo a aprender de la experiencia respaldando a la escuela en el hogar. Si tiene algún problema con el plan, por favor, consúltelo con la administración.

16. Revise los reportes problemáticos. Los maestros, al igual que los padres y los estudiantes, no son perfectos. Pueden cometer errores. Sin embargo, si su hijo comparte con usted algo que hizo el maestro y que él considera injusto o poco amable, escuche con respeto, pero no asuma que es tan malo como parece. En ocasiones, los niños exageran cuando les hieren sus sentimientos. Si le preocupa una situación, hable con el maestro. Un tono de voz preocupado, en lugar de un tono hostil o enfadado, ayudará.

17. **Lleve una solución, además del problema.** Si tiene alguna preocupación o ve un problema que considera que necesita corrección y lo presenta a la atención del maestro de su hijo, lleve también una actitud de apoyo y una idea para una solución. Esto ayudará a desarrollar una relación cooperativa en la solución del problemas.

18. **Sea cuidadoso respecto a la información inexacta y a las murmuraciones.** La "red" escolar puede producir mucha información útil, pero también puede convertirse en una versión del antiguo juego del "teléfono", donde los mensajes se distorsionan cada vez más. Puede demostrar su apoyo consultado tal información con el maestro de su hijo o con la administración. Por favor, llame para hacer una cita, en lugar de presentarse de pronto para una "cita rápida". Sus preocupaciones son importantes para la escuela y merecen que no se les trate con apresuramiento.

19. **Asista a las reuniones de la clase, cuando lo inviten.** Estas reuniones no sólo le proporcionan información importante, sino que su asistencia

comunica también a su hijo que él y la escuela son importantes.

20. Permita que la escuela se entere de lo que está sucediendo en casa. Cuando las familias viven una tensión extra, como una enfermedad, una muerte o un divorcio, esto puede afectar mucho a los niños. Por favor, permita que el maestro de su hijo conozca tales circunstancias. El puede ofrecer ayuda. Además, al informar al maestro lo alertará ante los posibles cambios en el comportamiento de su hijo.

Esta edición se imprimió en Mayo del 2000, en Formación Gráfica S.A. de C.V. Matamoros 112. Ciudad Nezahualcóyotl 57630 Edo. de Méx.

SU OPINIÓN CUENTA

Nombre ....

Dirección:

Calle y núm. exterior .... interior ....

Colonia .... Delegación ....

C.P. .... Ciudad/Municipio ....

Estado .... País ....

Ocupación .... Edad ....

Lugar de compra ....

Temas de su interés:

❒ *Empresa*	❒ *Psicología*	❒ *Cuento de autor extranjero*
❒ *Superación profesional*	❒ *Psicología infantil*	❒ *Novela de autor extranjero*
❒ *Motivación*	❒ *Pareja*	❒ *Juegos*
❒ *Superación personal*	❒ *Cocina*	❒ *Acertijos*
❒ *New Age*	❒ *Literatura infantil*	❒ *Manualidades*
❒ *Esoterismo*	❒ *Literatura juvenil*	❒ *Humorismo*
❒ *Salud*	❒ *Cuento*	❒ *Frases célebres*
❒ *Belleza*	❒ *Novela*	❒ *Otros*

¿Cómo se enteró de la existencia del libro?

❒ *Punto de venta*	❒ *Revista*
❒ *Recomendación*	❒ *Radio*
❒ *Periódico*	❒ *Televisión*

Otros: ....

Sugerencias: _____

_____

_____

Cómo lograr que sus hijos triunfen en la escuela